네 글자 인문학

《사자소학》으로 배우는 관계의 지혜

네글자

● 四 ☾ 字 ☾ 小 ☾ 學

인문학

《사자소학》으로 배우는 관계의 지혜

윤선영 편역

혜역출판사

次
:

제8장 수신편

인간은 누군가의 자식으로 태어나 처음 인생을 시작합니다. 시간
이 흘러감에 따라 하나씩 하나씩 나에게 생기는 역할과 지위가
늘어납니다. 자식이기만 했던 삶에서 누군가의 형제나 자매로, 더
시간이 흘러서는 이모나 삼촌이 되기도 하고, 부모가 되기도 합니
다. 사회 초년생이었다가 어느 순간 관리자로 올라서고, 마냥 어
리기만 한 막내에서 누군가에게 조언을 해주어야 할 선배의 입장
이 되곤 합니다. 이렇게 나를 부르는 이름이 늘어갈수록 고민도
점차 생겨나기 마련입니다. 나는 지금 어떻게 살아가고 있는 걸
까? 어떻게 사는 것이 올바른 삶일까?

현재의 삶을 살아가면서 이러한 고민들이 생길 때 우리는 고전에서 그 해답을 찾고자 합니다. 우리가 고전을 통해 배우는 다양한 메시지는 현재의 삶을 즐겁고 행복하게 살아가는 데 도움을 주기 때문입니다. 하지만, 어떠한 책부터 읽어야 할지 감이 오질 않습니다. 선조들의 가르침을 풍부하게 담고 있으면서 인간으로서 지켜야 할 도리를 일깨워주는 책, 내용이 너무 어렵지 않고 실생활과 연관되어 재미가 있는 책, 바로 동양 고전의 첫걸음이라 할 수 있는 《사자소학》입니다.

《사자소학》이라는 서명은 곧 4자로 된 《소학》이라는 의미입니다. 여기에서 《소학》은 남송 대의 철학가인 주희(朱熹, 1130~1120)가 지시하고, 그의 제자 유청지(劉淸之, 1134~1190)가 1187년에 엮은 책의 이름입니다. 《소학》은 유학의 기본적인 내용을 아동들에게 가르치기 위해 만든 교재입니다. 고려 말엽부터 조선시대까지, 사대부 자제들의 필수 학습 교재였습니다.

《사자소학》의 탄생 배경에 《소학》이 중요하게 자리 잡고 있음은 분명한 사실입니다. 그렇지만 단순히 《소학》을 베끼고 4자로 축약하기만 한 것은 아닙니다. 《사자소학》의 전체 문구 가운데 몇몇 문장만이 《소학》의 내용과 일치하며 대부분은 《소학》 가운데 어려운 글자를 쉽게 고쳤음을 알 수 있습니다. 또한《소학》외에《논어》,《예기》등 여러 경전을 참고하여 아동에게 중요하고도 교훈적인 내용을 모았습니다. 즉, 현재 전해 내려오고 있는《사자소학》은 중국《소학》의 형태와 내용을 저본으로 하고, 여러 경전을 아울러 인용하여 4자 1구로 엮은 한국판 아동 교육 교재인 셈입니다.

《사자소학》은 과연 누가 지었고, 언제부터 현전하는 형태로 완성되었는지 자세히 알 수는 없습니다. 다만 현재 유일하게 남아 있는 목판본(고려대학교 소장)을 살펴보면 1932년 전주 지역에서 간행된 사실이 기록되어 있습니다. 이외에 조선시대의 사료나 문헌 등에서《사자소학》에 관한 내용은 좀처럼 찾아보기 어렵습니다. 우선《사자소학》의 편찬 시기는 적어도 조선 중기 이후일 것으로 추정할 수 있습니다. 그 이유는《소학》이 우리나라에 전래되어 중요시되기 시작한 시기가 곧 조선 초기이기 때문입니다.

조선 초기《소학》은 사대부가 자제들을 중심으로 유명해지기 시작했고, 16세기에 접어들어 성리학에 대한 연구가 활발해지면서 아이들뿐만 아니라 과거 시험을 준비하는 유생, 유학자들에게 완전한 필독서로 자리매김하게 됩니다. 이에 조선의 실정에 맞는 새로운 교습서를 편찬해보자는 동기가 생겨나게 되었고, 이러한 목적을 가진 누군가에 의해 정리·편집되는 과정을 거쳤을 것으로 보입니다. 현재 여러 판본이 전해지는 것으로 볼 때 작자는 한 명의 특정 인물이 아닌 여러 명일 가능성도 거론됩니다. 위에서 말한 1932년 전주에서의 간행이 이 책의 유일한 간행 기록임을 볼 때 조선 중·후기부터 일정 부분 현전하는 상태로 구전되다가 19세기 말~20세기 초에 완성되어 이 무렵부터 서당 등 사립 교육 기관의 교재로 활용되지 않았을까 추정할 수 있습니다.

이 책은 4자 1구로 엮여 있으며 2구씩 대구가 되어 그 의미가 명확하고 보다 이해하기 쉬운 것이 특징입니다. 《사자소학》의 내용이 다른 동양 고전보다 조금은 무겁지 않게 다가오는 이유가 바로 여기에 있습니다.

《사자소학》은 〈효행편〉, 〈충효편〉, 〈제가편〉부터 마지막 〈수신편〉까지, 크게 8편으로 구성되어 있습니다. 편명은 곧 핵심 키워드로 각 편에서 중요시하는 개념이 무엇인지 쉽게 알 수 있습니다. 분량은 편마다 차이가 있는 편인데, 첫 편인 〈효행편〉이 총 52개의 문장으로 가장 많은 비중을 차지하고 있습니다. 아이들 인성 교육에 있어 효행에 관한 가르침이 가장 중요했음은 당연한 이치입니다.

그 외에도 〈형제편〉이 24개의 문장으로 이루어져 있어 효행과 더불어 형제간의 우애 또한 강조되었던 덕목임을 알 수 있습니다. 가장 마지막의 〈수신편〉은 42개의 문장으로 구성되어 있으나 수신에 관한 내용 외에 앞의 편의 미진한 내용을 보충하는 등, 총론격이라 할 수 있습니다. 반면 〈충효편〉과 〈제가편〉은 단 4문장만으로 구성되어 있습니다. 인간의 도리를 가르침에 있어 무엇이 우선시되는지 편장의 순서와 그 분량으로 드러내고 있는 것입니다.

《사자소학》은 철저히 '인간'에 집중하고 있는 책입니다. 인간으로서 마땅히 지켜야 할 도리, 인간과 인간이 맺는 관계 속에서의 순리, 살아가면서 항상 지녀야 할 몸가짐과 태도 등 이 책에 담긴 모든 내용은 곧 인간으로 태어나 어떻게 살아야 올바른 삶인가를 말해주고 있습니다. 이 책의 간행이 비록 어린아이들의 교육에서 시작되었을지라도 각 구절이 담고 있는 교훈과 함의는 성인의 정신 수양과 수신에도 큰 도움을 주고 있습니다. 유명한 인물이나 고사가 나오지도 않고, 심오한 철학적 내용이 없음에도 이 책이 절대 가볍게 느껴지지 않는 이유입니다.

"어머니 나를 낳으시고, 아버지 나를 기르셨도다."

《사자소학》이라는 책은 몰라도 이 구절만큼은 모두 들어봤을 정도로 친숙할 것입니다. 《사자소학》의 첫 문장입니다. 어렸을 때는 아무런 생각 없이 읊었던 구절인데, 어른이 되고, 누군가의 부모가 되어 다시 읊어보니 문득 서글프게 다가옵니다. 그만큼 우리는 성장했고, 여러 일을 겪었으며 인생에 대한 생각도 많이 달라졌습니다. 복잡하지 않으면서 그리 단순하지도 않은 책, 무겁지 않으면서 제법 가볍지도 않은 책. 인생의 전환점에 선 지금, 과거를 되돌아보고 현재의 삶을 보다 가치 있게 꾸리려는 당신에게 《사자소학》은 좋은 길잡이가 되어줄 것입니다.

윤선영

덕행과 공업은 서로 권하고,
잘못은 서로 경계하고,
올바른 풍속으로 서로 어울리고,
어려운 일은 서로 구제하라.

제 1 장

효행편

四 字 小 學

孝行篇

중국에서 가장 오랜 자전(字典)인《설문해자(說文解字)》는 후한 시대의 경학자(經學者) 허신(許慎)이 지은 책입니다. 경학자란 공자의 사상을 중심으로 유학의 경전인 사서오경(四書五經)을 연구하는 사람을 말합니다.

사서오경에서 사서는《논어(論語)》,《대학(大學)》,《중용(中庸)》,《맹자(孟子)》를 일컫고, 오경은《역경(易經)》,《서경(書經)》,《시경(詩經)》,《예기(禮記)》,《춘추(春秋)》를 말합니다.

허신은《설문해자》에서 '효(孝)'라는 글자의 의미에 대해 이렇게 설명합니다.

'孝'는 '부모를 잘 받드는 것'이라는 뜻이며 문자 구조는 '노(老)'의 생략체인 '耂'와 아들을 의미하는 '子'의 조합으로 이루어져 있다.

자식이 노인을 업고 있는 모양, 도와서 받드는 것을 뜻하는 글자가 바로 '효' 자의 본래 의미라는 이야기입니다. 이처럼 '효'는 자식이 부모를 잘 봉양하는 행위를 가리키는 말입니다.

까마귀는 먹이를 물어다주는 어미의 은혜에 보답하기 위해 태어난 지 60여 일이 지나면 어미에게 먹이를 되먹인다고 알려져 있습니다. 그래서 까마귀는 '반포지효(反哺之孝)', 또는 '반포보은(反哺報恩.)'이라는 고사로 유명합니다.

미물인 까마귀조차도 이런 훌륭한 습성으로 인간에게 귀감이 되고 있습니다. 이에 반해 부모님이 돌아가신 후 치르는 삼년상이 너무 길다며 1년으로 줄이는 게 낫겠다고 말한 공자의 제자가 있습니다. 바로 재여(宰予)라는 사람입니다.

그러자 공자는 재여에게 "자식이 태어나 3년이 지나야만 부모의 품을 벗어난다[子生三年, 然後免於父母之懷]"고 말하면서 꾸짖었습니다. 부모님이 그러했듯이, 부모님이 돌아가시면 3년은 정성껏 모시는 게 옳은 도리라는 것입니다. 이는《논어》〈양화(陽貨)〉에 자세히 보입니다.

《사자소학》〈효행편〉의 전반적인 내용은 부모님의 지극한 은혜와 자식에 대한 사랑, 자식으로서 부모님께 해야 할 도리 등을 담고 있습니다. 이를 통해 부모의 은혜를 다시 한 번 떠올리고, 부모님을 향한 나의 마음이 재여와 비슷하지는 않았는지 반성해보아야 할 것입니다.

물론 지금처럼 바쁜 세상에 삼년상을 치를 사람은 없습니다. 하지만, 마음만은 30년을 모셔도 모자랄 것입니다.

父生我身하시고 母鞠吾身이로다
부 생 아 신　　　모 국 오 신

腹以懷我하시고 乳以哺我로다
복 이 회 아　　　유 이 포 아

以衣溫我하시고 以食飽我하시니
이 의 온 아　　　이 식 포 아

恩高如天하시고 德厚似地로다
은 고 여 천　　　덕 후 사 지

爲人子者가 曷不爲孝리오
위 인 자 자　　　갈 불 위 효

欲報其德인댄 昊天罔極이로다
욕 보 기 덕　　　호 천 망 극

―

아버지께서 내 몸 낳으시고, 어머니께서 내 몸 기르셨도다.

배로써 나를 품어주시고, 젖으로써 나를 먹여주셨도다.

옷으로써 나를 따뜻하게 하시고, 밥으로써 나를 배부르게 하시니

은혜는 높기가 하늘과 같고, 덕은 두텁기가 땅과 같도다.

자식이 되는 자로서 어찌 효도를 하지 않으리오.

그 은덕을 보답하고자 하면 넓고 큰 하늘과 같아 다함이 없도다.

| 鞠 | 국 | 기르다. '鞠'은 '가죽으로 만든 공', '국화', '국문(鞠問)하다', '기르다' 등 여러 의미가 있는데, 여기서는 '기르다'의 의미로 쓰였다. |

| 吾 | 오 | 나. 판본에 따라서는 '아(我)'로 쓰기도 한다. '我'와 '吾'는 의미상 큰 차이가 없다. |

| 以 | 이 | '~으로써', '~을 가지고'라는 의미로, 수단을 나타내는 글자 앞에 주로 쓰인다.
예) 以衣溫我(이의온아) - 옷으로써(옷을 가지고) 나를 따뜻하게 해주고, 以食飽我(이식포아) - 밥으로써(밥을 가지고) 나를 배부르게 하시니. |

| 腹 | 복 | 배. |

| 懷 | 회 | 품다. |

| 哺 | 포 | 먹이다. |

| 溫 | 온 | 따뜻하다. |

| 飽 | 포 | 배부르다. 판본에 따라서는 '활(活)'로 쓰기도 한다. '이식활아(以食活我)'는 '밥으로써 나를 살리셨으니'라는 뜻이 된다. |

| 德 | 덕 | 사람이 갖추어야 할 됨됨이를 가리키는 말이다. |

|厚| 후 두텁다.

|似| 사 같다. 유사하다.

|爲| 위 되다. '爲'는 크게 '~을 하다', '~이 되다', '~을 위하다'는 세 가지 뜻이 있다. '위인자자(爲人子者)'에서는 '~이 되다'라는 뜻이고, '갈불위효(曷不爲孝)'에서는 '~을 하다'라는 뜻이 된다.

|者| 자 '~한 사람'이라는 뜻과 '~한 것'이라는 의미로 크게 구분된다. 여기서는 '~한 자', '~한 사람'이라는 뜻으로 사용되어 '자식이 되는 자'로 풀이했다.

|曷| 갈 어찌. '曷'은 '不'과 짝을 이뤄 '어찌 ~이 아니겠는가[曷不]'의 의미로 쓰인다.

|欲| 욕 하고자 하다.

|報| 보 갚다.

|昊| 호 넓고 큰 모양. '昊天(호천)'은 넓고 큰 하늘을 말한다.

|罔| 망 없다.

|極| 극 끝. 다하다.

낳아주시고 길러주신 부모님의 은혜를 갚고자 하면
넓고 큰 하늘도 다할 수 없을 정도다

───────────────────────────

〈효행편〉의 첫 번째 부분은 부모가 자식을 낳아 기르는 과정과 자식의 마음가짐에 대해 순차적으로 말하고 있습니다.

첫 번째 문장 '부생아신(父生我身) 모국오신(母鞠吾身)'에서는 부모가 자식을 낳아 기르는 것에 대해 말하고 있는데, 여기서 '생(生)'은 '출산하다'의 의미보다는 '국(鞠)'과 대구를 이루어 '낳아 기르다'라는 뜻으로 봐야 할 것입니다.

자식을 잉태한 후 열 달을 품어 출산하면 젖을 물려 아이를 먹이게 됩니다. 조금 크면 옷을 지어 아이를 입히고, 밥을 지어 먹입니다. 이러한 부모님의 은혜를 하늘과 땅에 비유하여 그 어떤 것에도 견줄 수 없는 지극히 성대한 것으로 설명했습니다.

그렇기 때문에 〈효행편〉에서는 자식이 된 자로서 효도를 하지 않을 수 없다는 당위성을 설명합니다. 그리고 그 은혜를 갚고자 하면 넓고 큰 하늘도 다할 수 없을 정도라는 '호천망극(昊天罔極)'이란 말로 다시 한 번 강조합니다. 이는 하늘이 끝이 없다는 뜻으로, 부모님의 은혜가 크고 넓어서 다함이 없다는 의미입니다.

부모님의 은혜를 서술한 이 부분은 《시경》의 〈육아(蓼莪)〉에서 전해져 내려온 것입니다. 이 작품은 부모님께서 돌아가시자 그 은혜를 기리며 효도를 다하지 못했음을 슬퍼하는 내용입니다. 중간 부분을 살펴보면 다음과 같습니다.

아버지께서 나를 낳으시고, 어머니께서 나를 기르셨네.
나를 어루만지시고 기르시며 성장시키셨고 키우셨도다.
나를 돌아보시고 다시 살피시며 들어오고 나감에 나를 품으셨네.
이 은혜를 갚으려면 넓은 하늘도 끝이 없다네.
父兮生我, 母兮鞠我, 拊我畜我, 長我育我,
顧我復我, 出入腹我, 欲報之德, 昊天罔極

몇 글자의 글자 출입만 있을 뿐 《사자소학》의 전개와 거의 비슷하다는 사실을 알 수 있습니다. 《사자소학》이 어린이들의 한자 학습을 위해 유명한 문장을 모아놓은 책이라는 사실을 상기해볼 때 크게 이상할 것이 없다고 하겠습니다.

晨必先起하야 必盥必漱하며
신 필 선 기   필 관 필 수

昏定晨省하고 冬溫夏凊하라
혼 정 신 성   동 온 하 청

父母呼我어시든 唯而趨進하고
부 모 호 아   유 이 추 진

父母使我어시든 勿逆勿怠하라
부 모 사 아   물 역 물 태

父母有命이어시든 俯首敬聽하라
부 모 유 명   부 수 경 청

坐命坐聽하고 立命立聽하라
좌 명 좌 청   입 명 입 청

—

새벽에 반드시 부모님보다 먼저 일어나 세수하고 양치질하며

날이 어두워지면 잠자리를 보살펴드리고, 새벽이 오면 문안을 살피며

겨울에는 따뜻하고, 여름에는 시원하게 해드려라.

부모님께서 나를 부르시거든 "예~"라고 대답하며 달려나가고,

부모님께서 내게 일을 시키시거든 거역하지 말고 게을리하지 마라.

부모님께서 명령이 있으시거든 머리를 숙이고 공경히 들어라.

앉아서 명하시면 앉아서 듣고, 서서 명하시면 서서 들어라.

晨 | 신 | 새벽.

盥 | 관 | 대야. 둥글고 넓적한 그릇.

漱 | 수 | 양지질하다. 씻다.

昏 | 혼 | 어둡다.

定 | 정 | 정하다. 여기서는 '잠자리를 보살펴드린다'는 뜻으로 쓰였다.

省 | 성 | 살피다.

淸 | 청 | 서늘하다. 춥다.

呼 | 호 | 부르다.

唯 | 유 | 주로 '오직'이라는 뜻으로 쓰이지만, 여기서는 "예~" 하고 공손하게 대답한다는 뜻으로 쓰였다.

趨 | 추 | 달리다. 종종걸음으로 빨리 걷는 것을 말한다.

進 | 진 | 나아가다.

使 | 사 | 시키다, 부리다.

勿 | 물 | ~하지 마라.

逆 | 역 | 거스르다.

怠 | 태 | 게으르다.

命 | 명 | '命'은 주로 '명령', '목숨'이라는 두 가지 뜻이 있는데, 여기서는 '명령하다'의 뜻으로 쓰였다.

俯 | 부 | 구부리다.

敬 | 경 | 공경하다.

聽 | 청 | 듣다.

父母出入 이어시든 每必起立 하라
부 모 출 입　　　　매 필 기 립

父母衣服 을 勿踰勿踐 하라
부 모 의 복　　　물 유 물 천

父母有疾 이어시든 憂而謀瘳 하라
부 모 유 질　　　　우 이 모 추

對案不食 이어시든 思得良饌 하라
대 안 불 식　　　　사 득 양 찬

出必告之 하고 反必面之 하라
출 필 고 지　　　반 필 면 지

愼勿遠遊 하고 遊必有方 하라
신 물 원 유　　　유 필 유 방

—

부모님께서 내가 있는 곳에 출입하시거든

매번 자리에서 반드시 일어나라.

부모님의 의복을 넘어 다니지 말고, 밟지 마라.

부모님께 질병이 있거든 근심하고 나을 방법을 찾아라.

밥상을 접하시고도 잡수시지 않거든 좋은 반찬을 장만할 것을 생각하라.

밖에 나갈 때에는 반드시 나간다고 말씀드리고,

돌아오면 반드시 얼굴을 뵈어라.

멀리 놀러 가는 것을 삼가며 놀 때에는 반드시 일정한 장소가 있게 하라.

| 每 | 매 | 항상, 매번. |

| 踰 | 유 | 뛰어넘다. |

| 踐 | 천 | 밟다. |

| 疾 | 질 | 질병. 오늘날엔 '疾'과 '病'을 합하여 '질병(疾病)'으로 부르지만, 옛날에 '疾'은 감기와 같은 작은 병을, '病'은 위중한 큰 병을 가리켜 구분하여 썼다. |

| 憂 | 우 | 근심하다. |

| 謨 | 모 | 꾀, 계책. 계획하다. '(병이 낫기를)계획하다, 도모하다'라는 의미로 쓰였다. |

| 瘳 | 추 | 병이 낫다. |

| 對 | 대 | 마주보다. |

| 案 | 안 | 상, 소반. |

| 良 | 량 | 훌륭한, 좋은, 뛰어난. |

| 饌 | 찬 | 반찬.

| 告 | 고 | 말씀드리다.

| 反 | 반 | 돌아오다.

| 面 | 면 | 얼굴. 여기서는 동사형으로 '대면하다'의 뜻으로 쓰였다.

| 愼 | 신 | 삼가다.

| 遠 | 원 | 멀다.

| 遊 | 유 | 놀다. 유람하다.

| 方 | 방 | 방향, 방위.

부모님이 살아계실 때는 멀리 놀러 가는 것을 삼가고
나가 놀 때에는 반드시 일정한 장소에 있어야 한다

효행의 절목(節目)에 대해 본격적으로 하나씩 나열하고 있습니다.
부모님의 안부를 묻는 것부터 부모님과 묻고 응답하는 자세, 외
출할 때 명심해야 할 사항 등을 가르쳐주고 있습니다.

자식으로서 부모님이 편안하신지 항상 신경 써야 하며 부모님

께서 나를 부르거나 무엇인가를 시킬 때는 공손하면서도 재빠르게 행해야 함을 말하였습니다. 나보다 부모님의 마음을 먼저 헤아리고, 부모님이 걱정하실 수 있는 부분은 애초에 만들지 않도록 하는 것이 효행의 근본이라는 말입니다.

이 단락에서 자식이 외출할 때의 도리에 대해 말한 문장인 '신물원유(愼勿遠遊)하고 유필유방(遊必有方)하라'에 대해 자세히 살펴보겠습니다.

해석하자면 '멀리 놀러 가는 것을 삼가며, 놀 때에는 반드시 일정한 장소에 있어야 한다'가 됩니다. 이 구절은 자식이 밖에 나가 놀 때 부모님께 차려야 하는 예의에 관한 것입니다.

여기서는 크게 두 가지에 대해 말하고 있습니다. 첫 번째로, '신물원유'는 나가서 놀되 먼 곳으로 가는 것을 삼가라는 뜻입니다. 두 번째로 '유필유방'은 먼 곳에서 놀 때는 반드시 일정한 장소에 있어야 한다는 것입니다.

여기서 '방(方)'은 노는 장소, 또는 자식의 행방을 가리킵니다. 멀리서 놀더라도 어떤 장소로 가는지 명확히 밝혀야 한다는 사실을 뜻합니다. 최대한 먼 곳으로 가지 말고 가까운 곳에서 놀 것, 놀 때 정확한 장소를 밝힐 것, 이렇게 두 가지를 실천해야만 부모님께서 자식의 외출에 대해 걱정하시지 않는 것입니다.

 지금처럼 통신수단이 발달하지 않았던 옛날에는 자식이 한 번 외출하면 다시 들어올 때까지 연락할 방법이 없기 때문에 부모가 자식의 행방에 대해 걱정하는 것은 당연했습니다. 이와 유사한 문장은 《논어》〈이인(里仁)〉및 《명심보감(明心寶鑑)》〈효행(孝行)〉에서도 볼 수 있습니다.

 공자가 말씀하시기를, "부모님이 살아계실 때는 멀리 놀러 가면 안 되고, 놀러 갈 때에는 반드시 일정한 장소에 있어야 한다."
 子曰, 父母在, 不遠遊, 遊必有方

 《사자소학》에는 없는 앞의 세 글자 '부모재(父母在)'는 '부모님께서 계시면'이라는 뜻입니다. 그리고 '불원유(不遠遊)'는 물원유(勿遠遊)와 같은 의미로, '勿'과 '不' 모두 '~하지 말라'는 뜻의 금지사입니다.

 자식이 외출할 때의 도리는 조선 왕실에서도 관심을 가졌던 부분이었습니다. 《영조실록(英祖實錄)》, 영조 34년(1758년) 7월 11일 기사를 보면 영조 임금이 나중에 정조 임금이 되는 왕세손과 함께 경연에서 책을 읽으며 유필유방에 대해 묻자, 정조가 "놀

러 간 곳을 찾기가 어려우므로 반드시 방위를 말씀드려야 한다는
것입니다[尋其爲難, 故必有方矣]"라고 답했다는 기록이 있습니다.

이처럼 여러 책에 이 문장에 관한 얘기가 나오는 것으로 보아
아주 옛날부터 자식이 외출할 때 지켜야 하는 도리를 중요하게
여겼음을 알 수 있습니다. 부모의 사랑과 자식 걱정 또한 예나 지
금이나 다르지 않은 것 같습니다.

出入門戶_{어든} 開閉必恭_{하라}
출 입 문 호　　개 폐 필 공

勿立門中_{하고} 勿坐房中_{하라}
물 립 문 중　　물 좌 방 중

行勿慢步_{하고} 坐勿倚身_{하라}
행 물 만 보　　좌 물 의 신

口勿雜談_{하고} 手勿雜戲_{하라}
구 물 잡 담　　수 물 잡 희

膝前勿坐_{하고} 親面勿仰_{하라}
슬 전 물 좌　　친 면 물 앙

須勿放笑_{하고} 亦勿高聲_{하라}
수 물 방 소　　역 물 고 성

侍坐父母_{어든} 勿怒責人_{하라}
시 좌 부 모　　물 노 책 인

侍坐親前_{이어든} 勿踞勿臥_{하라}
시 좌 친 전　　물 거 물 와

獻物父母_{어든} 跪而進之_{하라}
헌 물 부 모　　궤 이 진 지

—

문으로 들어가고 나갈 때에는 열고 닫기를 반드시 공손하게 하라.

문 한가운데 서지 말고, 방 한가운데 앉지 마라.

길을 갈 때에는 걸음을 거만하게 걷지 말고,

앉아 있을 때에는 몸을 기대지 마라.

입으로는 잡담을 하지 말고, 손으로는 장난을 치지 마라.

부모님 무릎 앞에 앉지 말고, 부모님의 얼굴을 똑바로 쳐다보지 마라.

모름지기 큰소리로 웃지 말고, 또한 큰소리를 내지 마라.

부모님을 모시고 앉아 있을 때에는 성내어 다른 사람을 꾸짖지 마라.

부모님 앞에 앉아 있을 때에는 걸터앉지 말고, 눕지 마라.

부모님께 물건을 바칠 때에는 꿇어앉아서 올려라.

|開| 개 열다.

|閉| 폐 닫다.

|房| 방 방.

|慢| 만 게으르다.

|依| 의 기대다. 의지하다.

|雜| 잡 섞이다. 어지럽다.

|談| 담 말씀.

| 戲 | 희 | 놀다. 희롱하다. |

| 膝 | 슬 | 무릎. |

| 親 | 친 | 친하다, 어버이. 여기서는 어버이, 즉, 부모님이라는 뜻이다. |

| 仰 | 앙 | 우러르다. |

| 放 | 방 | 놓다. 내치다. '방소(放笑)'는 마음을 놓고 방자하게 웃는다는 뜻이다. |

| 聲 | 성 | 소리. |

| 侍 | 시 | 모시다. |

| 怒 | 노 | 성내다, 화를 내다. |

| 責 | 책 | 꾸짖다. |

| 踞 | 거 | 웅크리다. 걸터앉다. |

| 臥 | 와 | 눕다. |

| 獻 | 헌 | 바치다. |

| 跪 | 궤 | 꿇어앉다. |

與我飲食 이어시든 跪而受之 하라
여 아 음 식　 궤 이 수 지

器有飲食 이라도 不與勿食 하라
기 유 음 식　 불 여 물 식

若得美味 어든 歸獻父母 하라
약 득 미 미　 귀 헌 부 모

衣服雖惡 이나 與之必著 하라
의 복 수 악　 여 지 필 착

飲食雖厭 이나 與之必食 하라
음 식 수 염　 여 지 필 식

父母無衣 어시든 勿思我衣 하며
부 모 무 의　 물 사 아 의

父母無食 이어시든 勿思我食 하라
부 모 무 식　 물 사 아 식

身體髮膚 를 勿毀勿傷 하라
신 체 발 부　 물 훼 물 상

—

나에게 음식을 주시거든 꿇어앉아서 받아라.

그릇에 음식이 있어도 주시지 않으면 먹지 마라.

만일 맛있는 음식을 얻게 되면 돌아가 부모님께 올려라.

비록 의복의 상태가 나쁘더라도 내게 주시면 반드시 입어라.

비록 음식이 물리더라도 나에게 주시면 반드시 먹어라.

부모님께서 입을 옷이 없으면 나의 옷을 생각하지 말며

부모님께서 드실 음식이 없으면 나의 음식을 생각지 마라.

부모님께서 주신 신체와 머리털과 피부를 훼손하지 말고, 상하게 하지 마라.

| 與 | 여 | 주다. 허락하다. ~와. |

| 器 | 기 | 그릇. |

| 若 | 약 | 만일, 만약. 주로 가정을 나타낼 때 쓰인다. |

| 美 | 미 | 아름답다. 맛이 좋다. '美'는 시각적인 아름다움을 나타낼 때 주로 쓰이지만, '맛이 좋다'는 의미로도 사용된다. 예) 미식가(美食家) |

| 歸 | 귀 | 돌아가다. 돌아오다. |

| 惡 | 악 | 나쁘다. 추하다. |

| 著 | 착 | 드러내다(저). 입다(착). '着[착용하다]'과 동일한 뜻이다. |

| 厭 | 염 | (음식 등이)물리다, 질리다. |

髮	발	터럭. 머리카락.
膚	부	살갗.
毁	훼	헐다. 상처를 입히다.
傷	상	상처. 다치다.

부모님께서 주신 신체와 머리털과 피부를
함부로 훼손하지 말고, 상하게 하지도 마라

앞부분에 이어 자식으로서 반드시 지녀야 할 올바른 행동에 대해
각각의 상황을 들어 세세하게 나열하였습니다. 주로 자식 된 자는
그 행동거지를 삼가며 공경히 하되 최대한 신중히 해야 한다는
내용으로 일관하고 있습니다.

문의 한가운데 서지 말라고 하는 것은 여러 가지 설이 있으나
예로부터 문지방을 밟으면 좋은 기운이 나간다고 여겼기 때문입
니다. 그리고 방의 한 가운데 앉지 말라는 것은 그곳이 어른의 자
리라고 여겼기 때문입니다.

부모님이 계시지 않을 때에도 잡담을 하거나 장난을 치는 행위

를 삼가야 하며 부모님이 옆에 계실 때에는 좀 더 행동을 신중히 하여 걸터앉거나 눕는 등의 거만한 행동을 하지 말아야 함을 강조하였습니다.

그리고 의복이나 음식 또한 부모님께서 주시는 경우에는 그 상태의 좋고 나쁨을 가리지 말고, 공손히 받을 것을 말하고 있습니다. 마지막으로, '부모님께서 주신 신체와 머리털과 피부를 훼손하지 말고 상하게 하지도 말라'는 문장이 나오는데, 효의 시작과 끝을 의미하는 이 문장에 대해 조금 더 살펴볼까 합니다.

1895년(고종 32년) 8월, 일본의 자객들이 경복궁을 습격하여 명성황후를 시해하는 참극이 발생합니다. 이를 을미사변(乙未事變)이라고 하는데, 이 사건을 계기로 온 나라가 극도의 혼란에 빠지게 됩니다.

당시 내각 총리대신 김홍집(金弘集)이 이끌던 행정부는 이러한 혼란을 극복하기 위해 군사 제도 개혁, 태양력 시행 등 여러 정책을 펼쳤습니다. 그중에 가장 크게 반향을 일으켰던 것이 1895년 11월 전국에 대대적으로 내린 단발령이었습니다.

부모님께 물려받은 것이라면 작은 터럭 한 올이라도 훼손해서는 안 된다는 생각에 머리를 자르지 않고 길게 땋고 다녔던 우리

조상들에게 단발령은 청천벽력 같은 소식이 아닐 수 없었습니다.

당시 유림의 거두였던 면암(勉庵) 최익현(崔益鉉) 선생은, "내 목을 자를지언정 머리카락을 자를 수는 없다[此頭可斷, 此髮不可斷]"라고 말하며 목숨을 걸고 반대 의사를 표명했습니다. 이처럼 우리 조상들은 부모님께 물려받은 신체와 터럭, 피부를 훼손하지 않는 것이 효의 시작점이자 기본이라고 여겼습니다.

공자와 제자 증삼(曾參)이 효도에 관해 문답한 것을 엮어놓은 《효경(孝經)》이라는 책을 보면 첫 번째로 나오는 〈개종명의(開宗明義)〉 장에서 효의 시작과 끝에 대해 이렇게 설명하고 있습니다.

신체와 머리털과 피부는 부모에게서 받은 것이니 감히 이것을 손상시키지 않는 것이 효의 시작이다. 몸을 세워 도를 행하고, 후세에 이름을 날려 부모를 드러내는 것이 효의 끝이다. 무릇 효라는 것은 부모를 섬기는 데서 시작하고, 임금을 섬기는 데서 이루어지며, 몸을 세우는 데서 끝나는 것이다.

身體髮膚受之父母, 不敢毀傷, 孝之始也. 立身行道, 揚名於後世, 以顯父母, 孝之終也. 夫孝, 始於事親, 中於事君, 終於立身

이를 통해 우리는 전통적인 효의 관점이 '자신의 행실을 똑바로 하는 것'과 '부모님께서 물려주신 신체를 잘 간직하는 것'에 중점을 두고 있었음을 알 수 있습니다.

《논어》에도 효에 관해 묻는 문장이 종종 보입니다. 그중 〈위정(爲政)〉에서 노나라 대부의 아들인 맹무백(孟武伯)이 효에 대해 묻자 공자께서 말씀하시기를 '부모님께서는 오직 자식이 질병이 있을까 걱정하신다[孟武伯問孝, 子曰, 父母唯其疾之憂]'고 하는 문장이 있습니다.

여기서도 보듯이 자기의 몸을 잘 간수하여 아프지 않고 건강한 것이 부모님의 걱정을 가장 덜어드리는 것이고, 그것이 곧 효의 시작인 것입니다.

현대를 살아가는 우리는 무엇을 진정한 효라고 생각할까요? 좋은 대학에 들어가는 것, 좋은 직업을 가지는 것, 돈을 많이 벌어서 좋은 옷과 음식을 대접해드리는 것 등 다양할 것입니다.

시간이 흘러 환경의 변화 등으로 시대 분위기가 많이 달라진 이상 옛날과 같은 관점의 효를 고수할 수도, 그럴 필요도 없을 것입니다. 하지만 지금 우리에게 맞고, 또 실천할 수 있는 오늘날의 효의 시작과 끝은 무엇인지 다시 한 번 고민해봐야겠습니다.

衣服帶靴_를 勿失勿裂_{하라}
의 복 대 화   물 실 물 렬

父母愛之_{어시든} 喜而勿忘_{하라}
부 모 애 지   희 이 물 망

父母責之_{어시든} 反省勿怨_{하라}
부 모 책 지   반 성 물 원

勿登高樹_{하라} 父母憂之_{시니라}
물 등 고 수   부 모 우 지

勿泳深淵_{하라} 父母念之_{시니라}
물 영 심 연   부 모 념 지

勿與人鬪_{하라} 父母不安_{이시니라}
물 여 인 투   부 모 불 안

室堂有塵_{이어든} 常必灑掃_{하라}
실 당 유 진   상 필 쇄 소

事必稟行_{하고} 無敢自專_{하라}
사 필 품 행   무 감 자 전

一欺父母_면 其罪如山_{이니라}
일 기 부 모   기 죄 여 산

一

옷과 허리띠와 신발을 잃어버리지 말고, 찢지 마라.

부모님께서 아껴주시거든 기뻐하며 잊지 마라.

부모님께서 꾸짖으시거든 돌이켜 생각하고, 원망하지 마라.

높은 나무에 올라가지 마라. 부모님께서 근심하시니라.

깊은 연못에서 헤엄치지 마라. 부모님께서 걱정하시니라.

다른 사람과 다투지 마라. 부모님께서 불안해하시니라.

방과 마루에 먼지가 있거든 항상 물을 뿌리고 쓸도록 하라.

일은 반드시 여쭌 후에 행하고, 감히 제멋대로 하지 마라.

한 번이라도 부모님을 속인다면, 그 죄가 산과 같으니라.

帶	대	띠. 띠를 두르다.
靴	화	신. 가죽신.
裂	렬	찢다.
喜	희	기쁘다.
勿	물	~하지 마라. '勿'대신 '不'로 쓴 판본도 있다. 의미는 동일하다.
忘	망	잊다.
怨	원	원망하다, 미워하다.

|登| 등 오르다.

|樹| 수 나무. 심다.

|泳| 영 헤엄치다.

|淵| 연 연못.

|念| 념 생각하다. 마음에 두다. 여기에서는 '우(憂)'와 마찬가지로
        '신경을 쓰다', '걱정하다'의 의미로 쓰였다.

|室| 실 집. 건물.

|堂| 당 집.

|塵| 진 티끌. 먼지.

|灑| 쇄 뿌리다. 물을 끼얹다.

|掃| 소 쓸다. 버리다.

|稟| 품 여쭈다, 보고하다. 내려주다.

|敢| 감 감히.

|專| 전 오로지. 마음대로.

|欺| 기 속이다.

|罪| 죄 허물.

雪裏求筍은 孟宗之孝요
설 리 구 순　맹 종 지 효

剖氷得鯉는 王祥之孝니라
부 빙 득 리　왕 상 지 효

我身能賢이면 譽及父母니라
아 신 능 현　예 급 부 모

我身不賢이면 辱及父母니라
아 신 불 현　욕 급 부 모

追遠報本하야 祭祀必誠하라
추 원 보 본　제 사 필 성

非有先祖면 我身曷生이리오
비 유 선 조　아 신 갈 생

事親如此면 可謂孝矣니라
사 친 여 차　가 위 효 의

不能如此면 禽獸無異니라
불 능 여 차　금 수 무 이

—

눈 속에서 죽순을 구함은 맹종(孟宗)의 효도요,

얼음을 깨고서 잉어를 잡음은 왕상(王祥)의 효도이니라.

내 몸이 어질게 되면 명예가 부모님에게까지 미치느니라.

내 몸이 어질지 못하면 치욕이 부모님에게까지 미치느니라.

먼 조상과 뿌리에 보답하여 반드시 제사를 정성스럽게 지내라.

선조가 계시지 않았다면 내 몸이 어찌 생겨났겠는가?

부모님 섬기기를 이같이 하면 효도를 한다고 이를 만하니라.

이처럼 할 수 없다면 금수와 다를 것이 없느니라.

雪	설	눈.
裏	리	속, 내부.
求	구	구하다.
筍	순	죽순. 대나무의 싹.
孟宗	맹종	오(鳴)나라 강하(江夏) 사람. 지극한 효성으로 유명했다.
剖	부	쪼개다.
氷	빙	얼음.
鯉	리	잉어.

| 王祥 | 왕상 | 서진(西晉)의 낭야산(琅琊山) 임기(臨沂) 사람으로 맹종과 마찬가지로 지극한 효성으로 유명했다. |

| 賢 | 현 | 어질다. |

| 譽 | 예 | 기리다. 칭찬하다. 여기에서는 '명예'라는 의미를 담고 있다. |

| 辱 | 욕 | 욕보이다. 수치. |

| 追 | 추 | 쫓다. 어떠한 곳에 이르다. |

| 本 | 본 | 근본, 뿌리. |

| 誠 | 성 | 정성. 성실하다. 진실로. |

| 祖 | 조 | 조상. |

| 謂 | 위 | 이르다. ~이라고 부르다. |

| 禽 | 금 | 날아다니는 짐승. |

| 獸 | 수 | 네 발 달린 짐승. |

| 異 | 이 | 다르다. 특이하다. |

부모님께서 염려하거나 불안해하실 일을 하지 않는 것이
효의 시작이요, 끝이다

〈효행편〉의 마지막 단락으로, 자식 된 자가 유념해야 할 사항들과 중국에서 효행으로 유명한 사람들의 고사를 담고 있습니다. 앞 단락에서 부모님께서 물려주신 신체를 훼손해서는 안 된다는 것에 대해서는 이미 강조했습니다.

그 외에 부모님께서 물려주신 옷과 허리띠, 신발 등 자기 자신의 몸에 착용하는 의복도 소중히 여겨 함부로 잃어버리거나 찢는 등의 행위를 해서는 안 됩니다.

또한 부모님께서 염려하거나 불안해하실 만한 일을 하지 않아야 합니다. 높은 나무에 올라가거나 깊은 연못에서 헤엄치는 행위, 남과 다투는 행위 등은 자신의 신체를 다치게 할 수 있기 때문에 더욱 예로 든 것입니다.

그리고 지금까지 나열한 행동들로써 부모를 섬기면 효도를 한다고 말할 만하다고 마무리하고 있습니다. 이러한 행동들이 곧 금수와 인간을 가르는 경계점이 될 것입니다.

이 단락에서는 특별히 중국에서 효행으로 유명한 두 사람인 맹종과 왕상의 고사를 실었습니다. 이 두 사람은 중국 역사상 제일로 손꼽히는 24명의 효자, '이십사효(二十四孝)'에 속하는 사람들입니다. 이에 대해 좀 더 자세히 알아보도록 하겠습니다.

이십사효는 유명한 효자 24명의 전기와 시를 적은 교훈서입니다. 24명의 이름, 순서 등의 차이에 따라 몇 가지 버전이 있으나 원(元)나라 곽거경(郭居敬)이 지은 것이 가장 잘 알려져 있습니다.

여기에는 우순(虞舜), 한문제(漢文帝), 곽거(郭巨), 민자건(閔子騫) 등 24명의 효행에 관한 고사를 나열하고 있는데, 본문에 나오는 맹종과 왕상 또한 기록되어 있습니다. 여기서 '맹종의 죽순'과 '왕상의 잉어'에 관해 알아보겠습니다.

오나라 강하 사람인 맹종에게는 오래도록 병을 앓는 모친이 있었습니다. 어느 날 어머니가 죽순이 먹고 싶다고 하자 일단 대나무 밭으로 갔습니다. 하지만 추운 겨울이었으므로 대밭에 죽순이 있을 리가 없었습니다.

노모에게 죽순을 가져다드리지 못한다고 생각하자 너무 슬퍼하염없이 울며 탄식하고 있는데, 그 떨어진 눈물 자국에서 죽순이 솟아나왔다고 합니다.

맹종은 기뻐하며 이것을 가지고 어머니께 가져다가 잡수시게 했다고 합니다. 이 고사에서 '눈 속에서 죽순을 구했다'는 뜻의

'설리구순(雪裏求筍)'이 나오게 된 것입니다.

왕상은 서진 사람으로 자신을 못살게 구는 계모를 지극한 효심으로 봉양했다고 합니다. 어느 겨울날, 계모가 왕상에게 신선한 생선이 먹고 싶다고 하자 앞뒤 가리지 않고 강 속으로 뛰어 들어갔습니다.

하지만 너무 추워 강물이 꽁꽁 얼어 녹지 않자, 그는 얼음에 누워서 체온으로 얼음을 녹여 고기를 잡으려고 했습니다. 그러자 얼음이 녹으면서 강물 속에서 두 마리의 잉어가 얼음 위로 뛰어 올라왔다고 합니다. 이 고사에서 '얼음을 깨고 잉어를 얻었다'는 뜻의 '부빙득리(剖冰得鯉)'라는 말이 나왔습니다.

지성감천(至誠感天)이라는 말이 있습니다. 말 그대로 지극한 정성이면 하늘이 감동한다는 뜻입니다. 매서운 추위의 겨울날 대나무 밭에서 죽순이 생기는 일도, 꽁꽁 언 강물이 사람의 체온으로 쉽게 녹는 일도 현대의 과학 지식으로는 설명할 수 없는 것입니다. 아마도 맹종과 왕상의 지극한 정성이 하늘을 감동시켜 상식적으로 믿기 힘든 일이 일어난 듯합니다.

물론 이런 고사들이 효행을 선양하기 위해 과장이 섞였다고 말하는 사람들도 있습니다. 하지만, 24개 고사의 신빙성을 따지기 이전에 부모님의 은혜를 점점 잊어가는 현대사회의 각박한 분위기 속에서 이러한 고사들이 가지는 가치에 대해 다시 한 번 깊이 생각해볼 때가 아닌가 합니다.

충효편

四 字 小 學

忠孝篇

:

옛날 임금과 신하의 관계는 말로 표현할 수 없을 만큼 두텁고 무거운 사이였습니다. 그런 가운데 임금은 예로부터 중요한 국정을 신하들과 함께 논의했고, 여러 제도를 시행함에 있어 신하들의 간언을 듣는 것을 서슴지 않았습니다.

임금과 신하의 도리에 대해서는 《논어》 〈팔일(八佾)〉에 노나라 정공(定公)과 공자가 나눈 대화를 살펴보면 그 해답이 있습니다.

임금이 신하를 부리고, 신하가 임금을 섬기는 도리는 어찌해야 합니까?[君使臣, 臣事君, 如之何]
임금은 신하 부리기를 예(禮)로써 하고, 신하는 임금 섬기기를 충(忠)으로써 해야 합니다[君使臣以禮, 臣事君以忠]

신하 된 자는 '충성[忠]'이라는 덕목을 가장 중요시해야 한다는 가르침입니다. 앞서 〈효행편〉에서 부모님과 자식의 관계를 압축한 글자가 바로 효(孝)였는데, 임금과 신하의 관계를 압축한 글자가 바로 충(忠)이기에 '사람으로서 지켜야 할 도리 가운데 충과 효가 가장 근본이 된다'고 말하는 것입니다.

이런 개념은 자연스럽게 효자, 충신 같은 단어를 형성했습니다. 〈충효편〉에서는 유가 사상에서 가장 최우선시 되었던 충과 효를 어떻게 행해야 하는지 살펴보도록 하겠습니다.

學優則仕 하여 爲國盡忠 하라
학 우 즉 사 　 위 국 진 충

敬信節用 하여 愛民如子 하라
경 신 절 용 　 애 민 여 자

人倫之中 에 忠孝爲本 이니
인 륜 지 중 　 충 효 위 본

孝當竭力 하고 忠則盡命 하라
효 당 갈 력 　 충 즉 진 명

—

학문이 넉넉하면 벼슬하여 나라를 위해 충성을 다하라.

공경하고 남에게 믿음을 주며 쓰는 것을 절약하여

백성을 사랑하기를 마치 자식처럼 하라.

인륜 가운데 충성과 효도가 근본이 되니

효도는 마땅히 있는 힘을 다해야 하고,

충성은 곧 목숨을 다해야 하느니라.

|學| 학 　배우다. 학문.

|優| 우 　넉넉하다.

仕	사	벼슬하다.
爲	위	'爲'의 세 가지 뜻에 대해서는 〈효행편〉의 '위인자자(爲人子者)'와 '갈불위효(曷不爲孝)'에서 자세히 설명했다. '爲'는 크게 '~을 하다', '~이 되다', '~을 위하다'라는 세 가지 뜻이 있는데, 여기서는 '~을 위하다'의 의미로 쓰였다.
盡	진	다하다.
信	신	믿음(이 가다). 진실. 여기서는 다른 사람에게 '믿음을 주다', '신임을 받다'의 의미로 쓰였다.
節	절	상당히 많은 의미를 가지고 있다. 중요한 뜻은 '(식물의)마디', '절개(節槪)', '절제하다'가 있는데, 여기서도 '절약, 절제'의 의미로 사용되었다.
用	용	쓰다.
愛	애	사랑하다, 아끼다.
人倫	인륜	사람으로서 지켜야 할 도리.
當	당	마땅히 ~해야 한다.
竭	갈	다하다. '다할 진(盡)'과 같은 의미이다.
命	명	목숨. '命'은 크게 '명령', '목숨'이라는 두 가지 뜻이 있다.

앞의 '좌명좌청(坐命坐聽)'에서는 '명령하다'의 뜻으로 쓰였고, 여기의 '충즉진명(忠則盡命)'에서는 '목숨'이라는 뜻으로 쓰였다.

벼슬을 하고 여유가 있으면 학문을 하고
학문을 닦다가 여유가 있으면 벼슬을 한다

〈충효편〉은 네 문장의 짧은 단락으로 이루어져 있습니다. 첫째 문장에서는 벼슬하는 자의 마음가짐에 대해 말하는데, 학문적으로 완성이 된 후에 벼슬을 해야 한다고 말하고 있습니다. 이는 《논어》〈자장(子張)〉에서 공자의 제자 자하(子夏)가 한 말에서 나온 것입니다.

벼슬을 하고 여유가 있으면 학문을 할 것이며,
학문을 닦다가 여유가 있으면 벼슬을 할 것이다.
仕而優則學, 學而優則仕

여기서 '여유가 있다'는 말은 시간적 의미를 말하는 것이 아닙니다. 이 말은 벼슬을 하다가 시간이 남아서 학문을 한다는 의미로 오해하기 쉬운데, 한쪽이 완벽하게 완성이 되었다고 느껴야 다른 한쪽을 한다는 의미로 봐야 합니다.

두 번째 문장은 위정자의 도리와 백성을 대하는 태도에 관해 말하고 있는데, 이 또한《논어》〈학이(學而)〉에서 유래된 말입니다.

천 승(乘)의 수레를 보유한 나라를 다스릴 때에는
매사를 신중히 하여 믿음직스럽게 하고,
쓰임을 절약하고 사람들을 사랑하며 백성을 때에 맞게 부린다.
道千乘之國, 敬事而信, 節用而愛人, 使民以時

세 번째 문장과 네 번째 문장은 〈충효편〉의 핵심구인 충과 효의 가치와 당위에 대해 설명하고 있습니다.

충신의 의미로 자주 쓰는 표현이 있습니다. 다리와 팔뚝에 비길만한 중요한 신하라는 뜻의 고굉지신(股肱之臣)이라는 말입니다. 우리가 흔히 윗사람의 중요한 역할이 되는 아랫사람을 '오른팔'이라고 합니다.

우리는 생활할 때 오른팔을 가장 많이 쓰고 의지합니다. 혹시라도 오른팔을 다쳐서 못 쓰게 되면 생활에 큰 지장을 주기 때문에 없어서는 안 될 중요한 존재라는 의미가 된 것입니다.

여기에 다리를 붙여서 수족(手足)이라는 말을 자주 쓰기도 합니다. 팔과 다리를 가지고 중요한 사람이라는 의미로 빗대어 쓴지 얼마 안 되었을 것 같지만, 사실 이 표현은 아주 오래 전부터 쓰인 관용적 표현입니다. 그 유래는 《서경》〈익직(益稷)〉에서 찾아볼 수 있습니다.

순(舜)임금이 다음과 같이 말했다. "아, 신하는 옆에 있는 자요, 옆에서 어려울 때 보좌해주는 신하가 참된 신하로다" 하니 우(禹)가 "옳으신 말씀입니다"라고 했다. 순임금이 말하기를, "그대들과 같은 신하는 짐(朕)의 팔다리요, 눈과 귀로다. 내가 백성들을 돕고자 하니 그대들도 도울지어다. 내가 지혜를 사방으로 펴고자 하니 그대들도 실천하라. …(중략)… 내가 도리에 어그러지는 일이 있으면 앞에서는 나를 따르는 척하며 물러나서 뒷말을 하지 말며 사방에서 보필하는 신하를 공경하라"라고 당부했다.

帝曰, 吁, 臣哉鄰哉, 鄰哉臣哉. 禹曰, 兪. 帝曰, 臣作朕股肱耳目, 予欲左右有民. 汝翼. 予欲宣力四方. 汝爲. …(중략)… 予違汝弼, 汝無面從, 退有後言, 欽四鄰

이 구절은 순임금이 신하들에게 앞으로의 포부를 말하면서, 이러한 포부가 신하들의 도움 없이는 불가함을 피력하고 있습니다. 순임금은 옆에서 보좌하는 자가 바로 참된 신하라 여기며 팔다리와 눈과 귀처럼 신체에 없어서는 안 될 부위로 신하를 여기고 있습니다.

이처럼 고굉지신은 다리와 팔뚝처럼 임금이 가장 신임하는 신하를 이르는 말임을 알 수 있습니다. 순임금이 신하들에게 절실히 내뱉은 여러 말 속에서 우리는 임금과 신하의 도리에 대해 다시 한 번 생각해볼 수 있을 것입니다.

제가편

四 字 小 學

齊家篇

:

가정이 모여 작은 사회를 이루고, 작은 사회들이 모여 국가를 이루게 됩니다. 따라서 가정의 평화는 곧 국가의 평화라 할 수 있습니다.

'제가(齊家)'는 집안을 가지런히 한다는 의미로 집안의 규율을 잘 다스려 평온하게 한다는 뜻입니다. 〈제가편〉은 짧은 네 문장으로 이루어져 있는데, 그 중심어는 바로 '부부', 즉 남편과 아내입니다.

부모로부터 독립하여 한 사람의 남자와 여자가 만나 혼인을 함으로써 새로운 가정이 탄생합니다. 이처럼 가정의 탄생 주체가 바로 부부이기 때문에 부부 관계는 가정과 사회, 국가의 안정과 밀접하게 관련됩니다.

부부 관계의 중요성에 대해서는《중용》에서, '군자의 도는 부부 관계에서 단서가 만들어지는데, 그 지극함에 이르러서는 하늘과 땅에도 드러난다[君子之道, 造端乎夫婦, 及其至也, 察乎天地]'라고 했을 만큼 이미 널리 알려져 있습니다.

〈제가편〉은 부부의 탄생과 분별, 부부간의 도리에 대해 순차적

으로 설명하면서 부부간의 도리가 모든 가정의 중심이 되고, 결국
에는 국가의 중심이 된다는 함의를 담고 있습니다.

夫婦之倫은 二姓之合이니
부 부 지 륜 이 성 지 합

內外有別하여 相敬如賓하라
내 외 유 별 상 경 여 빈

夫道和義하고 婦德柔順이니라
부 도 화 의 부 덕 유 순

夫唱婦隨면 家道成矣니라
부 창 부 수 가 도 성 의

―

부부의 인륜은 두 개의 성씨가 합쳐진 것이니

아내와 남편은 처소에 분별을 두고,

서로 공경하기를 손님처럼 하라.

남편의 도리는 화목하고 의로워야 하고,

부인의 덕은 부드럽고 온순해야 하느니라.

남편이 주장하고, 부인이 뒤따르면 집안의 규율이 완성되느니라.

夫 │ 부 지아비. 남편을 가리킨다.

婦 │ 부 며느리. 아내. 여기서는 아내를 가리킨다.

|倫| 륜 인륜, 윤리.

|姓| 성 성씨.

|別| 별 나누다. 헤어지다. 여기서는 '구분', '구별'이라는 의미로
사용되었다.

|內外| 내외 안과 밖. 여기서는 아내[內]와 남편[外]을 가리키는
말로 사용되었다. 아내와 남편이 집의 내실(內室)과
외실(外室)에 따로 거처하면서 각기 맡은 바 일을 하
고, 서로 간섭하지 않음을 뜻한다. 곧 '내외유별(內外
有別)'은 부부유별(夫婦有別)과 같은 뜻이다.

|相| 상 이 글자는 '서로', '돕다', '재상' 등 여러 가지 의미가 있는
데, 여기서는 '서로'의 뜻으로 쓰였다.

|賓| 빈 손님.

|道| 도 길, 도리, 말하다. 여기서는 '마땅히 해야 할 도리'의 의미
로 쓰였다. 뒤의 '가도성의(家道成矣)'에서는 '집에서 마땅
히 따르고 지켜야 할 도리'라는 뜻을 담고 있으므로 '규율
(規律)'이라고 옮겼다.

|義| 의 옳다. 옳은 일. 의리.

|柔| 유 부드럽다.

| 唱 | 창 '노래', '노래를 부르다'의 뜻을 가진 글자인데, 그 의미가
       확대되어 앞장서서 무엇인가를 주장함을 의미한다.

| 隨 | 수 따르다.

부부는 두 개의 성이 합해진 것으로
백성들이 태어나는 시초요, 만복의 근원이다

'이성지합(二姓之合)'은 남편과 아내의 결합, 즉 부부 탄생의 근원
에 대해 말하고 있습니다. 서로 다른 성씨를 가진 남녀가 만나 혼
인의 예를 맺고 부부가 됩니다.

　부부는 흔히 일심동체(一心同體)라 하여 한마음 한 몸이라고말
하는데, 그 속에서도 우리 선조들은 남편과 부인이 각기 맡아야
할 바의 구별을 두었습니다.

　그래서 두 번째 문장에서 남편을 바깥[外], 부인을 안[內]으로
표현하여 두 사람 간의 구별이 있음을 말하고, 서로가 손님을 대
하듯 공경해야 한다고 했습니다.

　여기서 말하는 '구별'이 정확히 어떠한 분별을 말하는 것인지

에 대해서는 조선시대 아동들의 학습서로 나온《동몽선습(童蒙先習)》〈부부유별(夫婦有別)〉장에 자세히 나와 있습니다.

남편과 아내는 두 개의 성이 합해진 것으로, 백성들이 태어나는 시초이며 모든 복의 근원이다. 중매를 행하여 혼인을 의논하며 폐백을 들이고, 신랑이 신부를 직접 맞이하여 오는 것은 그 분별을 더욱 명확히 하는 것이다. 그러므로 아내를 맞이함에 같은 성(姓)은 취하지 않으며 집을 지을 때 내실과 외실을 구분하니, 남편은 외실에 거처하면서 내실에서 일어난 일을 말하지 않고, 부인은 내실에 거처하면서 외실에 대한 일은 말하지 않는다.

夫婦, 二姓之合, 生民之始, 萬福之原. 行媒議婚, 納幣親迎者,

厚其別也. 是故, 娶妻不娶同姓, 爲宮室辨內外, 男子居外而不言內,

婦人居內而不言外

《사자소학》의 두 문장을 조금 더 상세하게 설명하고 있습니다. 여기서 말하는 내외의 구별은 집을 지을 때 내실과 외실을 구분하여 남편과 부인이 각기 처소를 달리하고, 특별한 일이 없으면 서로 간섭하지 않음을 말하는 것입니다.

요즘에도 흔히 부인을 '안사람', 남편을 '바깥사람'이라고 표현하는데, 이러한 표현도 부부의 처소를 구분했던 선조들의 사상에서 나온 것이 아닐까 합니다.

그러나 여기서의 '내외'는 단순히 내실과 외실이라는 처소의 구분만을 가리킨다기보다는 아내는 집안의 살림을 잘 꾸리고, 남편은 집밖의 일을 잘 다스려 각기 맡은 바가 분별됨이 있음을 말하는 것으로 좀 더 확대하여 생각해야 할 것입니다.

여기서 손님을 대하듯 공경한다는 의미는 그만큼 어렵게 대하라는 뜻이 아니라 각자의 일을 간섭하지 않고, 서로 존중해준다는 의미로 봐야 합니다. 부인은 집 안의 일을 다스리는 데 중점을 두고, 남편은 집 밖의 일을 다스리는 데 중점을 두되 서로가 믿고 존중한다는 것입니다.

세 번째와 네 번째 문장은 남편과 부인의 도리에 대해 설명하고 있습니다. 이 역시 남편과 아내 사이의 '분별'이 강조되는데, 남편은 집안을 화목하게 다스리고 의로워야 하며 아내는 자애롭고도 온순해야 함을 말하고 있습니다.

여기서 '도(道)'와 '덕(德)'은 모두 '마땅히 갖추어야 할 도리'의 의미로 쓰인 것입니다. 남편과 아내는 각자 요구되는 덕목을 갖추면서 남편이 먼저 의견을 내세우면 부인이 따르고 순종해야 집안의 규율이 완성되는 것으로 보았습니다.

남편의 의견에 무조건 부인이 따라가야만 한다는 남성 위주의 권위적인 시선이 느껴지지만, 현대에 맞게 부부가 서로 신뢰한다는 긍정적인 의미로 받아들여야 할 것입니다.

수신제가치국평천하(修身齊家治國平天下)라는 말이 있습니다. 이는 자신의 몸을 잘 수양하여 집안을 정돈하고, 나라를 다스리며, 천하를 평정한다는 뜻입니다.

우리는 〈제가편〉에서 집안을 가지런히 하는 주체로서 부부의 분별과 도리에 대해 익혔습니다. 요즘에는 물론 맞벌이하는 집도 많습니다. 아내도 밖에 나가 경제활동을 활발히 하고, 남편도 육아에 적극적으로 참여하기도 합니다. 이러한 모습 또한 자연스럽고, 좋다고 생각합니다.

이 책에 서술된 부부의 도리는 너무 옛날이야기이긴 합니다. 부부가 한방을 쓰며, 서로 적극적으로 의견을 내는 현대의 부부 모습과는 거리가 무척 멀지요.

그러나 서로에 대한 믿음과 존중이 부부 관계에 있어 가장 중요한 점이며, 집안의 법도를 세우는 데 필요한 기본적인 요소임은 예나 지금이나 한결같을 것입니다.

형제편

四 字 小 學

兄弟篇

〈형제편〉은 한 부모로부터 태어난 형제와 자매간의 도리에 대해 설명하고 있습니다. 〈효행편〉에서는 '부모와 자식', 〈충효편〉에서는 '임금과 신하', 〈제가편〉에서는 '남편과 아내'의 관계가 주를 이루었습니다.

여기서는 '형제, 또는 자매'를 주제로 서술하고 있습니다.《시경》〈대아(大雅)·사제(思齊)〉를 보면 '아내에게 모범이 되고, 형제에 이르러 가정과 나라를 다스린다[刑于寡妻, 至于兄弟, 以御于家邦]'는 문장이 있습니다.

아내에게 모범을 보이는 행동을 우선하고, 그 행동을 자신의 형제나 자매에게까지 하게 되면 한 가정을 넘어서 나라를 다스리게 된다는 말입니다.

이를 통해《사자소학》에서는 유가 사상에서 국가를 이루는 여러 중심 개념들을 중요한 순서대로 서술하고 있음을 볼 수 있습니다.

兄弟姉妹는 同氣而生이니
형 제 자 매 　 동 기 이 생

兄友弟恭하여 不敢怨怒니라
형 우 제 공 　 불 감 원 노

骨肉雖分이나 本生一氣며
골 육 수 분 　 본 생 일 기

形體雖異나 素受一血이니라
형 체 수 이 　 소 수 일 혈

比之於木하면 同根異枝요
비 지 어 목 　 동 근 이 지

比之於水하면 同源異流니라
비 지 어 수 　 동 원 이 류

—

형제와 자매는 같은 기운으로 생겨난 것이니

형은 우애롭고 아우는 공손하여 감히 원망하고 성낼 수 없느니라.

뼈와 살이 비록 나뉘어졌으나 본래 하나의 기운에서 생긴 것이며

얼굴과 신체는 비록 다르지만, 본래 하나의 피를 받았느니라.

나무로 비유해본다면 뿌리는 같은데 가지가 다른 것이요,

물에 비유해본다면 근원은 같은데 흐름이 다른 것이니라.

姉	자	손윗누이. 나보다 나이가 많은 여자 형제를 이르는 말.
妹	매	손아랫누이. 나보다 나이가 적은 여자 형제를 이르는 말.
氣	기	기운.
恭	공	공손하다.
怨	원	원망하다.
骨	골	뼈.
肉	육	고기.
雖	수	비록.
分	분	나누다.
素	소	'희다'와 '본디'의 뜻으로 주로 쓰이는데, 여기서는 '본디'의 의미로 쓰였다. 본디는 '본래', '원래'의 의미로, 앞 문장의 '本'과 같은 의미이다.
受	수	받다.
血	혈	피.
比	비	비유하다. 견주다.
根	근	뿌리.

枝 │ 지 │ 가지.

源 │ 원 │ 근원. 앞 문장의 '동근(同根)'에서 '根'과 같은 의미로 대칭
　　　　　되어 쓰였다.

流 │ 류 │ 흐르다. 앞 문장의 '이지(異枝)'에서 '枝'와 같은 의미로 대
　　　　　칭되어 쓰였다.

아버지는 의롭고, 어머니는 자애로우며
형은 우애롭고, 동생은 공손하며, 자식은 효성스러워야 한다

첫 번째 문장과 두 번째 문장은 형제와 자매 관계의 특별함을 강
조하고 있습니다. 형제와 자매가 같은 기운[同氣]으로 생겨났다는
것은 동일한 부모 밑에서 태어난 사이임을 설명하는 것입니다.

　그래서 후에 동기(同氣)라는 말은 곧 형제나 자매를 가리키는
단어가 되었습니다. 같은 아버지와 같은 어머니를 두고 같은 기운
으로 태어난 특별한 관계, 이것이 곧 피를 나눈 형제와 자매의 관
계인 것입니다.

　'형은 우애롭고 동생은 공손하다[兄友弟恭]'는 표현은 여러 경
전에서 그 출전을 찾을 수 있습니다. 《서경》에 '오교(五敎)'라는

말이 나오는데, 여기서의 오교는 '오상(五常)'이라는 뜻으로 백성들이 지켜야 할 다섯 가지 도리를 의미합니다.

오교에 대해 《좌전(左傳)》에서는 '아버지는 의롭고, 어머니는 자애로우며, 형은 우애롭고, 동생은 공손하며, 자식은 효성스러워야 한다[父義, 母慈, 兄友, 弟恭, 子孝]'고 풀이했습니다. 5개의 도리 중에서 형과 아우에 해당하는 덕목을 따온 것입니다.

세 번째 문장과 네 번째 문장은 형제와 자매 관계의 특별함 가운데 신체적 부분에 대해 말하고 있습니다. 형제와 나 자신이 비록 한 몸을 쓰는 것은 아니지만, 한 부모님에게 태어났으므로 같은 기운을 가지고 있습니다.

그리고 생김새와 체격은 조금 다르지만, 같은 피를 받고 태어났습니다. 가족과 형제의 의리에 대해 말할 때 흔히 '피는 물보다 진하다'라는 말을 자주 사용하는데, 이처럼 같은 핏줄에서 태어난 특별한 관계임을 한 번 더 강조하였습니다.

마지막 두 문장은 이와 같은 특별한 관계를 나무와 물에 비유하여 나타내고 있습니다. 같은 뿌리[同根]와 같은 근원[同源]이라는 것은 역시 한 부모 밑에서 태어났음을 말하는 것입니다.

신라시대의 승려 월명사(月明師)가 죽은 누이를 추모하며 지은

향가인 〈제망매가(祭亡妹歌)〉에서도 '한 가지에 나고, 가는 곳 모르온저'라는 구절이 있듯이 형제와 자매 관계는 종종 나무에 비유되곤 했습니다.

다른 가지[異枝]와 다른 흐름[異流]이라는 것은 앞 문장의 '뼈와 살이 구분되고[骨肉雖分]', '얼굴과 체격이 다르다[形體雖異]'는 설명을 이어서 비유한 것입니다.

이처럼 〈형제편〉의 첫 번째 단락은 주로 형제와 자매 관계의 특별함에 대해 말하고 있으며 이를 나무와 물에 비유하여 좀 더 이해하기 쉽게 설명했습니다.

兄弟怡怡하여 行則雁行하고
형 제 이 이　행 즉 안 항

寢則連衾하고 食則同牀하라
침 즉 연 금　식 즉 동 상

分毋求多하며 有無相通하라
분 무 구 다　유 무 상 통

私其衣食이면 夷狄之徒니라
사 기 의 식　이 적 지 도

兄無衣服이어든 弟必獻之하고
형 무 의 복　제 필 헌 지

弟無飮食이어든 兄必與之하라
제 무 음 식　형 필 여 지

一杯之水라도 必分而飮하고
일 배 지 수　필 분 이 음

一粒之食이라도 必分而食하라
일 립 지 식　필 분 이 식

—

형제는 즐겁고 사이좋게 지내며

길을 갈 때는 기러기의 대열처럼 나란히 가고,

잠을 잘 때는 이불을 나란히 덮고, 밥을 먹을 때는 밥상을 함께하라.

나눌 때는 많은 것을 바라지 말고, 서로 있고 없는 것을 융통하라.

자신의 의복과 음식을 사사로이 하면 오랑캐의 무리니라.

형에게 의복이 없다면 아우는 반드시 옷을 드리고,

아우에게 음식이 없다면 형은 반드시 음식을 주어라.

한 잔의 물도 반드시 나누어 마시며

한 알의 음식도 반드시 나누어 먹어라.

|怡怡| 이이 기뻐하는 모양. 즐거워하는 모양.

|雁| 안 기러기.

|行| 항 항렬(항). 대열(항). 가다(행). 행하다(행).

* 안항 : 行 자는 음이 크게 두 가지가 있는데, '행'으로 읽을 때는 '~에 가다', '~을 행하다'의 뜻으로 쓰이고, '항'으로 읽을 때는 '항렬', '대열'의 의미로 쓰인다. 본래 '항'으로 읽어야 하지만, '행'으로 굳어진 발음들이 많아 '雁 行'은 역시 '안행'으로도 많이 읽히고 있다. 그러나 여기서는 기러기가 줄 지어 나는 듯 나란한 항렬이라는 본 의미를 살려 '안항'으로 읽었다.

|連| 연 잇다. 나란하다.

|衾| 금 이불.

| 毋 | 무 | 말다. '~를 하지 말라'의 의미.

| 通 | 통 | 통하다.

| 私 | 사 | 개인. 사사로이 하다.

| 夷狄 | 이적 | 오랑캐. '이(夷)'와 '적(狄)'은 모두 주변의 이민족을 가리키는 글자로, 오랑캐는 예전에 두만강 북쪽에 살던 여진족(女眞族)을 낮추어 부르던 말이다. 이후 오랑캐는 우리나라에서 야만스러운 이민족을 일컫는 말로 자주 쓰이면서 이민족을 모두 오랑캐라고 번역하는 관습이 있었다. 그렇기 때문에 이적(夷狄)은 이민족이라고 옮기는 게 더 정확할 것이나 여기서는 야만스러운 종족을 일컫는 어감을 살리기 위해 오랑캐라고 했다. 사방(四方)의 이민족은 각기 그 방향에 따라 이름을 달리 불렀다. 동쪽은 이(夷), 서쪽은 융(戎), 남쪽은 만(蠻), 북쪽은 적(狄)이라 하여 동이(東夷), 서융(西戎), 남만(南蠻), 북적(北狄)이라고 일컬었다.

| 徒 | 도 | 무리.

| 杯 | 배 | 잔.

| 粒 | 립 | 알. 쌀알.

食 식   밥. 먹다. '일립지식(一粒之食)'에서는 명사로, '필분이식(必分而食)'에서는 동사로 쓰였다.

나눌 때는 많은 것을 바라지 말고
서로 있고 없는 것을 융통하며 지내라

〈형제편〉의 두 번째 단락은 형제 관계에서 행해야 할 도리와 태도, 행동 등에 대해 설명하고 있습니다. 첫 번째 문장에서 두 번째 문장까지는 형제들이 걸을 때와 잠잘 때, 밥을 먹을 때 등 구체적인 행동으로 나누어 각기 예를 들었습니다.

함께 길을 걸어 갈 때는 기러기가 줄지어 날아가듯이 나란히 걸어가라고 했는데, 이 말은 본래《예기》〈왕제(王制)〉에서 '아버지의 나이면 뒤에서 따라서 가고, 형의 나이면 나란히 간다[父之齒隨行, 兄之齒鴈行]'는 말에서 비롯된 것입니다.

함께 길을 걷는 사람과 나이 차가 크면 그의 뒤에서 따라 가고, 비슷한 또래이면 나란히 걷는다는 말입니다. 여기서 비롯하여 '안항(雁行)'은 형제가 함께 나란히 걷는다는 의미가 되었고, 즉, 사이좋은 형제 관계를 나타내는 말로 쓰이게 되었습니다.

조선시대 과거 시험 합격자 명단인 방목(榜目)을 보면, 합격자의 이름 밑에 부친의 이름, 관직 등이 함께 기록되어 있습니다. 그 밑에 '안항'이라고 쓰여 있는 경우가 종종 있습니다. 여기서도 알수 있듯이 합격자의 형이나 아우에 대해 기록할 때 안항이라고 표기하고, 형제의 신상을 기록했습니다.

이처럼 안항은 '형제의 우애'를 의미하는 단어가 되어 지금까지도 여러 작품에 널리 쓰이고 있습니다. 길을 걸을 때뿐만 아니라 잠을 잘 때도 한 이불을 나란히 덮고 잘 것이며 밥을 먹을 때도 같은 밥상에서 얼굴을 마주보며 먹어야 함을 말하였습니다. 그어떤 상황에서도 함께하라는 것으로, 형제와 자매간의 화합을 강조하는 대목입니다.

세 번째 문장과 네 번째 문장은 형제간에 이기적인 마음을 버리고, 서로의 부족한 부분을 채워야 함을 말하고 있습니다. 어떤 물품을 나눌 때에도 더 많은 것을 가져가서 자신의 이익을 채우려 하지 말고, 반드시 서로에게 양보해야 합니다. 또한 서로에게 있고 없는 것을 융통하여 각기 부족한 부분을 보충해준다면 그 관계가 더욱 우애롭게 될 것입니다.

우리가 살아가는 데 있어서 가장 기본이 되는 부분이 의식주이기 때문에 음식과 의복으로 예를 들었습니다. 만일 욕심을 부려 자신의 음식이나 의복만을 챙기고 형제를 챙기지 않는다면, 이는 오랑캐의 무리와 다름이 없다고 말하였습니다. 즉, 자신의 것만 챙길 줄 알고 형제를 모른 척하는 사람은 야만적인 이민족과 다를 바 없다는 것입니다.

다섯 번째 문장부터 여덟 번째 문장은 이에 대한 구체적인 행동을 예로 들었는데, 이 역시 의복과 음식으로 상황을 가정하였습니다. 형에게 마땅한 의복이 없을 경우 아우가 자신의 옷을 드리며, 아우가 먹을 음식이 없을 경우 형이 마땅히 음식을 주어야 함을 말한 것입니다.

이는 상황이 어려울 때 가장 먼저 형제가 나서서 도와야 함을 의미합니다. 한 잔의 물과 한 알의 쌀알 등 실생활에서 쉽게 볼 수 있는 것들을 예로 들어 아주 사소한 것 하나까지 형제가 함께 나누어야 함을 말했습니다. 우리가 흔히 쓰는 '콩 한 쪽도 나누어 먹는다'는 표현이 여기에서 비롯된 것이 아닐까 합니다.

兄雖責我_{라도} 莫敢抗怒_{하고}
형 수 책 아　막 감 항 노

弟雖有過_{라도} 須勿聲責_{하라}
제 수 유 과　수 물 성 책

兄弟有善_{이어든} 必譽于外_{하고}
형 제 유 선　필 예 우 외

兄弟有失_{이어든} 隱而勿揚_{하라}
형 제 유 실　은 이 물 양

兄弟有難_{이어든} 悶而思救_{하라}
형 제 유 난　민 이 사 구

兄能如此_면 弟亦效之_{니라}
형 능 여 차　제 역 효 지

—

형이 비록 나를 꾸짖어도 감히 대적하며 성내지 말고,

아우가 비록 잘못이 있어도 모름지기 큰소리로 꾸짖지 마라.

형제간에 훌륭한 일이 있으면 반드시 밖에 칭찬하며

형제간에 잘못된 일이 있으면 숨기고 드러내지 마라.

형제간에 어려움이 있으면 안타까워하고, 구제하기를 생각하라.

형이 이같이 할 수 있다면 동생 또한 이를 본받을 것이니라.

莫	막	없다. 여기서는 '~하지 말라'의 의미로, '물(勿)', '무(毌)'와 같은 의미로 쓰였다.
抗	항	막다.
過	과	허물. 지나가다. 여기서는 '허물', 또는 '잘못'이라는 의미로 쓰였다.
須	수	모름지기 ~해야 한다. 당위(當爲)의 표현이다.
善	선	착하다. 잘하다. 훌륭하다. 성품에 관한 말일 때는 '착하다'라는 뜻으로 쓰지만, 어떤 행위와 함께 쓰일 때는 '~을 잘하다', '훌륭하다'의 뜻으로 쓴다. 여기서는 다음 문장의 '실(失)'과 반대되는 뜻으로 쓰였기에 훌륭한 일이라고 풀이했다.
譽	예	기리다.
失	실	잃다. 실수. 잘못. '훌륭한 일'과 반대되는 뜻으로, '잘못된 일'이라고 풀이했다.
隱	은	숨기다. 가리다.
揚	양	드러내다. 앞의 '은(隱)'과 반대되는 글자이다. 금지사인 '물(勿)'과 합쳐 '물양(勿揚)'이라고 쓴 것은 '은(隱)'의 의미를 중복해 강조한 것이다.

| 難 | 난 | 어려움. |

| 悶 | 민 | 답답하다. 안타깝다. |

| 救 | 구 | 구제하다. 구원하다. 이 글자는 '구(求)'와 모양과 의미가 모두 비슷하여 혼동하기 쉽다. '求'는 '필요한 물건을 찾다'의 뜻이고, '救'는 '어려운 상황에서 구원하다'의 의미로 차이가 있다. |

| 思 | 사 | 생각하다. |

| 效 | 효 | 본받다. |

형이 먼저 모범을 보이면 아우는 자연스레 따라간다
형제간의 우애는 덮어주고 높여주면서 더 깊어진다

〈형제편〉의 세 번째 단락입니다. 여기서는 형제 관계에서 어떤 상황이 생겼을 경우를 가정하여 올바른 형제 관계는 마땅히 어떠해야 하는지에 대해 설명하고 있습니다.

첫 번째 문장과 두 번째 문장은 형제가 잘못을 저질렀을 경우에 마땅히 취해야 할 태도에 대해 말하고 있습니다. 여기서는 아우가 잘못을 했을 경우 아우의 태도와 그를 꾸짖는 형의 태도를 가정하여 각각 한 문장씩 말하였습니다.

아우는 형이 자신을 꾸짖는다 해도 감히 반항하거나 대꾸하며 화를 내지 말아야 하며, 형은 아우가 뭔가 잘못을 저질렀어도 너무 큰소리로 꾸짖어서는 안 되는 것입니다.
비록 어느 한쪽이 잘못을 저질렀다 해도 항상 서로를 존중하고 배려하는 마음을 잃지 말아야 함을 강조하는 것입니다.

세 번째 문장부터 다섯 번째 문장은 형제간에 훌륭한 일이 있거나 잘못된 일이 있을 경우를 대비시켰고, 또한 어려운 일이 생겼을 경우 각기 어떻게 행동해야 하는지를 말하고 있습니다.
형제간에 칭찬 받아 마땅한 일이 있을 경우에는 반드시 밖에 칭찬하여 형제의 훌륭한 행동을 널리 알려야 합니다. 반대로 형제간에 잘못된 일이 있다면 이에 대해서는 숨기고, 다른 사람에게 굳이 말하지 않는 것이 좋습니다.

이는 《중용》에서 공자가 순(舜)임금의 지혜를 칭찬하면서 '다른 사람의 허물은 덮어주고, 잘한 일은 널리 드러낸다[隱惡而揚善]'고 한 말에서 비롯된 것입니다. 《중용》에서는 순임금 한 사람의 행동을 칭찬하는 상황 속에서 나온 말이었지만, 여기서는 형제 관계로 그 대상을 좀 더 확대했습니다.

그리고 《중용》에서는 '은악(隱惡)'과 '양선(揚善)'이라는 두 글자로 집약적으로 설명했으나 여기서는 각기의 상황을 나누어 좀 더 구체적으로 설명한 점을 볼 수 있습니다.

형제간 어느 한쪽의 생활에 어려운 점이 생기면 이에 대해 안타깝게 여기고, 서로 구제할 방도를 생각해야 합니다. 이는 앞 단락의 '서로 있고 없는 것을 융통한다[有無相通]'는 문장과 그 맥락을 같이합니다.

형제간의 우애는 서로 노력해야 이루어질 수 있는 것이지만, 형이 먼저 모범을 보이면 아우는 자연스럽게 따라올 것입니다. 그리하여 '형이 이처럼 할 수 있다면'이라고 가정하여 표현했습니다. 형이 그런 행동을 할 수 있으면 아우 또한 형의 행동을 본받을 것이며 형제간의 관계는 더욱 돈독해질 것입니다.

我有歡樂_{이면} 兄弟亦樂_{하고}
　아　유　환　락　　　형　제　역　락

我有憂患_{이면} 兄弟亦憂_{나라}
　아　유　우　환　　　형　제　역　우

雖有他親_{이나} 豈若兄弟_{리오}
　수　유　타　친　　　기　약　형　제

兄弟和睦_{이면} 父母喜之_{시니라}
　형　제　화　목　　　부　모　희　지

—

내게 기쁨과 즐거움이 있으면 형제들 또한 즐거울 것이고,

내게 근심이 있다면 형제들 또한 근심스러울 것이니라.

비록 다른 친한 사람이 있다한들 어찌 형제와 같으리오.

형제간이 화목하면 부모님께서 이를 기뻐하시니라.

|歡| 환　기쁘다.

|樂| 락　즐겁다. 이 글자는 크게 다른 세 가지 뜻이 있는데, 뜻에
따라 음이 달라지므로 주의해야 한다. 첫 번째는 '즐기다'
라는 의미로, 이때의 음은 '락'이다. 두 번째는 '음악'의 뜻

으로, 이때의 음은 '악'이다. 마지막으로 '좋아하다'의 의미로 쓰일 때는 '요'로 읽는다. '산을 좋아하고 물을 좋아한다'는 의미인 '樂山樂水'라는 글자를 읽을 때 '요산요수'로 읽어야 한다.

|患| 환   근심. 병환. 여기서는 '우(憂)'와 같은 '근심'의 의미로 쓰였다.

|親| 친   이 글자는 앞서 '친면물앙(親面勿仰)'에서 설명했듯이 '어버이'라는 의미와 '친하다'의 의미를 가지고 있다. 여기서는 '친한 사람'이라는 뜻으로 사용되었다.

|豈| 기   어찌. '어찌 ~하겠는가'의 의미이다.

|和| 화   화합하다.

|睦| 목   화목하다.

아버지 나를 낳으시고 어머니 나를 길러주시니
같은 기운을 받아 한 가지에서 났도다

〈형제편〉의 마지막 단락입니다. 이 네 문장은 형제편의 처음 부분

에서 언급했던 형제 관계만이 느끼는 동질감과 특별함을 다시 한 번 강조하고, 부모님과의 연결성을 거듭 말하면서 마무리하고 있습니다.

나에게 기쁜 일이 생기면 형제들 또한 덩달아 즐겁고, 나에게 근심스러운 일이 생기면 형제들 또한 함께 걱정하게 될 것입니다. 형제들은 나에게 일어나는 모든 희로애락을 함께하는 존재이므로 아무리 친한 벗이 있다고 해도 피를 나눈 형제와는 비교할 수 없는 것입니다.

형제 관계가 이처럼 항상 화목하다면 다른 누구보다도 부모님께서 가장 기뻐하실 것이니 이러한 형제 관계를 만들어준 사람이 바로 부모님이고, 형제 관계의 중심을 잡아주는 존재 또한 부모님이기 때문입니다. 그렇기에 형제편의 마지막은 다시 한 번 부모님을 언급하면서 마무리 지었습니다.

형제간의 우애는 옛날부터 지금에 이르기까지 중요시 되어왔기 때문에 이와 유사한 주제를 가진 작품들은 쉽게 찾아볼 수 있습니다.

그 가운데 조선 전기 세종 때에 지어진 작자 미상의 작품인 〈연형제곡(宴兄弟曲)〉은 형제간의 우애와 조선 왕조를 찬양한 내용의 경기체가입니다. 이 작품 1장의 일부분을 잠시 살펴보면 다음과 같습니다.

아버지께서 나를 낳으시고, 어머니께서 나를 길러주시니 같은 기운을 받아 한 가지에서 났도다.

포대기를 면하고 나서는 알록달록한 옷을 입고, 죽마(竹馬)를 타고 즐거이 노니 반드시 한상에 밥 먹고, 반드시 같은 곳에서 놀며 함께하지 않는 날이 없도다.

父生我, 母育我, 同氣連枝, 免襁褓, 著斑爛, 竹馬嬉戲, 食必同案, 遊必共方, 無日不偕

이 작품의 첫 문장에 나오는 '같은 기운을 받아 한 가지에서 났다[同氣連枝]'는 말은 천자문의 '깊이 생각해주는 형과 아우는 한 기운으로 이어진 가지와 같다[孔懷兄弟, 同氣連枝]'는 말에서 유래된 것입니다.

'강보(襁褓)'는 어린 아이를 업을 때 쓰는 작은 포대기를 말합니다. 강보에 쌓여 부모에게 업혀 지내는 어린 시절이 지나고 나면 알록달록한 색동옷을 입을 나이가 됩니다. 그 후에 좀 더 성장하면 가랑이 사이에 대나무를 끼고 말을 타는 것처럼 뛰어 노는 죽마 놀이를 함께하게 됩니다.

이것은 형제들이 태어나서 함께 자라는 과정을 그리고 있습니다. 이렇게 성장한 형제들은 밥을 먹을 때도, 놀러 갈 때도 항상 붙어 다니며 하루도 떨어지지 않음을 설명하면서 우애로운 형제 사이를 묘사합니다.

이 작품은 작자가 알려져 있지 않아서 좀 더 구체적인 내용을 분석할 수는 없습니다. 다만, 대략적인 내용은 동생으로서 왕위에 오른 세종이 양녕대군과 효령대군을 형님으로 받들어 그 우애를 돈독히 한 일을 말하는 것입니다. 또한 형들은 신하로서 동생인 왕에게 충성을 다했다는 왕실 형제들의 지극한 우애를 창작 배경으로 하고 있습니다.

형제간의 우애는 왕가에서 뿐만 아니라 서민들의 생활에서도 중요시 되었던 덕목이었습니다. 〈연형제곡〉의 창작 배경이었던 조선 세종 시대에는 고려 때 의좋은 행동으로 유명했던 이성만(李成萬) 형제의 기념비를 세우는 문제에 대한 논의가 한창이었습니다.

이성만과 이순(李順) 형제는 우애로운 행실로 유명했기에, 당시의 지신사(知申事) 하연(河演)은 이들 형제의 의좋은 행실을 왕에게 보고하게 됩니다.

그리하여 조정에서는 후손들에게 영원한 모범이 되도록 이 형제를 기리는 기념비를 세우게 되었습니다. 이 기념비는 현재 충남

예산군 대흥면 동서리에 세워져 있으며 1983년에 충청남도 유형 문화재 제102호로 지정되었습니다.

이성만 형제에 관한 이야기는 옛 문헌의 여러 군데에서 소개되고 있습니다. 조선시대의 설화들을 모은 《해동잡록(海東雜錄)》이라는 책에는 이들에 대한 이야기가 다음과 같이 나와 있습니다.

그는 대흥현(大興縣) 사람으로, 아우 순과 함께 모두 효성스럽고 우애로웠다. 부모님께서 돌아가시자 성만은 아버지의 무덤을 지켰고, 순은 어머님의 무덤을 지키며 각기 슬픔과 공경함을 다했다. 삼년상을 모두 마치자, 아침에는 형이 아우의 집으로 가고, 저녁에는 아우가 형의 집으로 갔으며 한 가지 음식이 생겨도 서로가 만나지 않으면 먹지 않았다. 이 일이 전해져 내려오자 정려문을 세워 표창했다.

大興縣人, 與其弟淳俱孝友. 父母死, 成萬守父墳, 淳守母墳, 各盡哀敬. 三年制訖, 朝則弟就兄家, 暮則兄就弟家. 得一味, 不相會不相食, 事聞旌閭

형제와 자매는 같은 뿌리에서 태어나 각기 이어진 가지와 같이 동질성과 이질성을 동시에 가진 특별한 존재입니다. 그렇기에 '부모와 자식', '임금과 신하', '남편과 아내' 다음으로 이들 관계를 설명한 것입니다. 그리고 그 내용은 형제 혹은 자매의 관계에서 반드시 지켜야 할 도리와 마땅한 태도에 관한 것입니다.

〈연형제곡〉과 이성만 형제의 이야기에서 볼 수 있듯이 형제간의 우애는 그 시대와 신분을 막론하고 중요한 가치였음을 알 수 있습니다.

사제편

四 字 小 學

師弟篇

:

사제(師弟)는 '스승과 제자'라는 뜻으로, 〈사제편〉은 스승을 섬기는 제자의 도리와 올바른 학습 태도에 대한 내용을 담고 있습니다.

예로부터 스승의 존엄함은 곧 군주나 아버지와 비견되었습니다. 그래서 군주와 스승과 아버지가 한 몸이라는 뜻으로 군사부일체(君師父一體)라고 말했습니다. 스승의 은혜를 군주와 아버지의 은혜와 동일시하여 스승을 섬기기를 임금과 아버지를 섬기는 것과 같게 해야 한다는 의미입니다.

이 말은 춘추시대 열국(列國)에서 일어난 일들을 나라별로 정리한 책인《국어(國語)》의 〈진어(晉語)〉에 진(晉)나라 대부 난공자(欒共子)가 말한 대목에서 비롯된 것입니다.

백성들은 세 분의 은혜로 살아가는 것이니, 세 분을 섬기기를 똑같이 해야 한다. 아버지는 낳아주신 분이고, 스승은 가르쳐주시는 분이고, 임금은 먹여주시는 분이다.

民生于三, 事之如一. 父生之, 師敎之, 君食之

옛날에는 제자가 스승께 찾아가 말씀을 들을 때 조그마한 예물이라도 반드시 지참하는 것이 도리였습니다. 《논어》〈술이(述而)〉를 보면 공자께서 '속수(束脩) 이상의 예물을 가지고 온 자는 내가 일찍이 가르치지 않은 적이 없다[自行束脩以上, 吾未嘗無誨焉]'라고 말하는 구절이 있습니다. 속수란 육포를 묶은 것으로 제자가 스승께 바치는 가장 소박한 예물이라고 할 수 있습니다. 아주 간단한 물품이라도 예의상 들고 온 자는 내치지 않고 가르침을 전수해주신 것입니다. 형편이 어려운 제자를 헤아린 공자의 따뜻한 마음이 느껴집니다.

이제 스승을 섬기는 제자의 마음가짐과 스승의 가르침에 대한 올바른 태도를 공부해보도록 하겠습니다.

事師如親하여 必恭必敬하라
사 사 여 친　필 공 필 경

先生施教어시든 弟子是則하라
선 생 시 교　제 자 시 칙

夙興夜寐하여 勿懶讀書하라
숙 흥 야 매　물 나 독 서

勤勉工夫하면 父母悅之시니라
근 면 공 부　부 모 열 지

—

스승을 섬기기를 어버이처럼 하여 반드시 공손하고 반드시 공경하라.

스승께서 가르쳐주시거든 제자는 이를 본받아라.

일찍 일어나고 밤 늦게 잠들며 책 읽기를 게을리하지 마라.

공부에 부지런히 힘쓰면 부모님께서 이를 기뻐하시니라.

事｜사　이 글자는 '일'이라는 뜻 외에 '섬기다'라는 의미로도 자
　　　주 쓰인다. 주로 뒤에 사람이 목적어로 올 경우에는 '~를
　　　섬기다'라는 뜻이 되는데, 예를 들어 사군(事君)은 '임금을
　　　섬기다', 사친(事親)은 '어버이를 섬기다'의 의미가 된다.

師｜사　스승.

|施| 시 베풀다.

|教| 교 가르치다.

|則| 칙 본받다. 이 글자는 크게 두 가지 뜻을 가지고 있는데, 의미에 따라 음을 달리 읽는다. '즉'으로 읽을 때는 '卽'과 같은 의미로써 '~하면 곧'의 뜻을 가진다. 여기서는 '칙'으로 읽으며, 이때는 '본받다'의 의미가 된다.

|夙| 숙 일찍.

|興| 흥 흥하다. 일어나다.

|夜| 야 밤.

|寐| 매 잠자다.

|懶| 라 게으르다. 나태하다.

|勤| 근 부지런하다.

|勉| 면 힘쓰다.

|悦| 열 기쁘다. '설(說)'이라는 글자 또한 이 글자와 통용되어 같은 의미로 쓰이는데, 이때의 발음은 '열'이 된다.

아침에 일어나 밤 늦게 잠들면서 충효를 생각하는 사람은
하늘이 반드시 그를 알아줄 것이다

첫 번째와 두 번째 문장에서는 스승을 섬기기를 어버이처럼 해야 한다고 말하고 있으며, 이러한 행동의 중요 덕목으로 '공손함[恭]'과 '공경함[敬]'을 들었습니다.

제자는 스승을 대하기를 자신의 어버이를 대하는 것처럼 공손하게 하면서 스승께서 가르쳐주시는 것을 본받고 행해야 합니다. 스승께서 주시는 가르침을 듣기만 하고, 실천하지 않는 것은 올바른 배움의 자세라고 할 수 없는 것입니다.

스승과 제자는 '학습'이라는 행위로 맺어진 관계이므로 이후부터는 제자의 학습과 관련하여 올바른 태도와 도리에 대해 서술을 이어갑니다.

세 번째 문장의 '일찍 일어나고 밤 늦게 잠이 든다[夙興夜寐]'는 구절은 《시경》〈위풍(衛風)·맹(氓)〉에 나오는 문장에서 비롯된 말입니다. 이 시는 한 남자에게 타지로 시집가서 고생하는 여자가 자신의 삶을 한탄하며 노래한 작품인데, 잠시 원문을 살펴보면 다음과 같습니다.

삼 년 동안 당신의 아내가 되어

집안일을 고생이라 여기지 않았네.

새벽에 일어나 밤 늦게 잠들며

아침이 있는 줄도 몰랐네.

三歲爲婦, 靡室勞矣, 夙興夜寐, 靡有朝矣

이 말은 《명심보감》에서도 볼 수 있는데, 〈존심(存心)〉을 보면, '아침에 일어나 밤 늦게 잠들면서 충효를 생각하는 자는 다른 사람이 알아주지 않아도 하늘만은 반드시 그를 알아줄 것이다[夙興夜寐, 所思忠孝者, 人不知, 天必知之]'라고 했습니다.

이는 후대에 열심히 공부하는 사람을 비유할 때 자주 쓰이게 되었습니다. 송나라 남당(南塘) 사람인 진백(陳柏)은 〈숙흥야매잠(夙興夜寐箴)〉이라는 글을 지어 자신의 몸을 닦고 공부와 수양에 필요한 여러 지침을 열거했습니다.

조선의 대표적인 유학자 퇴계(退溪) 이황(李滉)은 선조 임금에게 바치는 글 《성학십도(聖學十圖)》 가운데 제10장을 〈숙흥야매잠도(夙興夜寐箴圖)〉라 이름하고, 일찍 잠에서 깨어나 생각을 정돈하고 독서에 집중하며 저녁까지 부지런히 노력해야 함을 말했습니다.

같은 시기의 학자 노수신(盧守愼) 또한 진백의 〈숙흥야매잠〉

에 상세하게 주석을 달아 후학들의 공부에 도움이 되도록 설명한
《숙흥야매잠주해(夙興夜寐箴註解)》라는 책을 쓰기도 했습니다.

이처럼 '숙흥야매'는 일찍이 《시경》의 가르침에서 시작되어 여러 유학자의 글에서 심성 수양과 학문에 대한 정진의 의미로 자주 인용되었습니다. 그리고 이 말은 《사자소학》에서도 학습과 공부의 측면으로 한정되어 뒤의 '책 읽기를 나태하게 하지 마라[勿懶讀書]'라는 구체적인 말과 함께 서술되었습니다.

이렇게 근면하게 공부를 한다면 부모님께서 기뻐하실 것이고, 부모님께서 기뻐하시는 행동은 곧 '효'가 되어 《사자소학》에서 제일 중요시하는 효행으로 귀결하는 것입니다.

始習文字어든 字劃楷正하고
시 습 문 자　　자 획 해 정

書冊狼藉어든 每必整頓하라
서 책 낭 자　　매 필 정 돈

能孝能悌가 莫非師恩이며
능 효 능 제　　막 비 사 은

能知能行이 總是師功이니라
능 지 능 행　　총 시 사 공

―

처음 글자를 익힐 때는 글자의 획을 바르게 하며

책이 어지러이 널려 있으면 매번 반드시 정돈하라.

효도할 수 있고 공경할 수 있는 것은 스승의 은혜가 아닌 것이 없으며

알 수 있고 행할 수 있는 것은 모두 다 스승의 공이니라.

始 | 시　처음. 시작하다.

習 | 습　익히다. 새가 열심히 날개[羽]를 움직여 스스로 날갯짓을 연
　　　　습한다는 의미에서 '~을 열심히 익히다'의 의미가 되었다.

劃 | 획　자획. (선을)긋다.

| 楷 | 해 | 바르다. 모범. 본보기.

| 冊 | 책 | 책. 길이가 일정하지 않은 죽간(竹簡)을 엮어놓았던 고대의 책 형태에서 비롯된 말이다.

| 狼藉 | 낭자 | '狼'은 '이리'라는 짐승을 가리키고, '藉'는 '깔다'라는 뜻이다. 즉 이리가 풀을 깔고 누워 이리저리 뒹굴고 일어난 뒤에 풀밭이 어지럽혀진 모양을 뜻하는 단어이다. 후에 '이리저리 어지럽게 흩어져 있다'는 의미로 자주 쓰였다.

| 整 | 정 | 가지런하다.

| 頓 | 돈 | 가지런히 하다. 본래 '머리를 조아리다'의 의미로 자주 쓰이나 여기서는 '가지런히 하다'의 의미로 쓰였다.

| 悌 | 제 | 공경하다. 부수인 '마음 심(忄)'을 뺀 '弟'는 본래 '아우'라는 뜻을 가지고 있으나 이 글자와 통용자(通用字)가 되어 '공경하다'라는 의미로도 쓰인다. 통용자란 서로 일반적으로 널리 쓰이는 한자를 말한다.

| 莫 | 막 | 없다. '~하지 말라'는 뜻으로 쓰이는 경우도 많으므로 해석에 유의해야 한다.

| 總 | 총 | 모두.

功 공 공로. 업적.

좋은 가르침을 받고 아직 실행하지도 못했는데
또 다른 가르침을 들을까 두려워했다

이 단락에서는 분위기를 전환하여 제자의 학습 과정과 올바른 학습 환경에 대해 말하고 있습니다. 처음 문자를 익힐 때는 글자의 획을 바르게 해야 하니 처음에 바르게 글자를 쓰는 습관을 들이는 것의 중요함을 이야기했습니다.

공부를 하다 보면 책상에 여러 가지 책을 함부로 널브러트리기 쉬운데, 그렇게 되면 정신이 혼미해지고 학습에 집중할 수 없게 됩니다. 그러므로 공부하는 책상을 항상 깔끔하게 정돈하여 청결한 학습 환경을 만들어야 할 것입니다.

〈사제편〉의 마지막 두 문장은 다시 한 번 스승의 은혜와 공로에 존경심을 나타냅니다. 부모님에게 효도를 할 수 있고, 웃어른을 공경할 수 있는 것은 모두 스승의 은혜로부터 나온 것임을 말하고 있습니다.

《논어》〈학이〉에서 '효도와 공경은 인(仁)을 행하는 근본이 된다[孝弟也者, 其爲仁之本與]'라고 말한 만큼 효도와 공경은 유가 사상에 있어 가장 핵심이 되는 행위입니다. 그리고 이를 행할 수 있는 것은 모두 훌륭한 스승에게 좋은 가르침을 받아야 가능한 것입니다.

'막(莫)'은 '없다'는 뜻이고, '비(非)'는 '아니다'라는 의미를 나타내는 글자이므로 '막비(莫非)'는 '~이 아님이 없다'라는 뜻이 됩니다. '~이 아님이 없다'는 것은 곧 '모두 ~하다'는 의미로, 뒤 문장의 '총시(總是)'와 같은 뜻이 됩니다. 이는 같은 의미를 나타내는 말을 다른 글자로 표현함으로써 그 의미를 강조함과 동시에 표현의 멋을 살린 것입니다.

스승께서 가르쳐주신 지식을 이해하고, 이를 능히 행할 수 있는 것 또한 스승의 공로가 되는데, 이는 스승의 가르침을 이해하는 것만큼이나 그 실천도 중요함을 말한 것입니다.

공자의 제자 자로(子路)는 《논어》〈공야장(公冶長)〉에서 '좋은 가르침을 듣고 아직 다 실행하지 못했는데, 또 다른 가르침을 들을까 두려워했다[子路有聞, 未之能行, 唯恐有聞]'고 했으니 이 말의 대의와 일맥상통하는 것입니다.

이 밖에도《논어》에는 스승과 제자 사이의 도리를 담은 구절이
많이 보입니다. 공자의 막내 제자로 알려진 증자(曾子)는 〈학이〉
에서 다음과 같이 말했습니다. "나는 매일 세 가지로 자신을 반성
하니, '다른 사람을 위해 도모함에 진심을 다하지 않았던가? 벗과
사귐에 믿음으로 하지 않았던가? 전수받은 것을 제대로 익히지
않았던가?[吾日三省吾身, 爲人謀而不忠乎 與朋友交而不信乎, 傳不
習乎]"

증자는 공자께서 전수해주신 가르침을 충분히 익히지 못했을
까 봐 매일 반성했던 것입니다. 스승의 가르침을 열심히 익혀야
한다는 제자로서의 도리를 말한 문장입니다. 그런데 '전불습호(傳
不習乎)'의 주체를 스승으로 보아, "제대로 익히지 않은 것을 전수
해주지는 않았던가?"라고 해석할 수도 있습니다. 자신이 잘 알지
도 못하는 내용을 혹 제자에게 전수해주지는 않았는지 스승이 자
신을 돌아보며 한 말로 볼 수도 있는 것입니다.

제자로서 스승이 가르쳐주신 내용을 열심히 익히지 않는 것,
스승으로서 자신이 열심히 공부하지 않아 제대로 모르는 내용을
제자에게 가르치는 것 모두 사제 간에 올바르지 않은 도리입니다.
해석의 차이로 제자와 스승의 도리를 모두 설명할 수 있는 재미
있는 문장입니다.

'문장도리(門墻桃李)'라는 말이 있습니다. '문장'은 스승의 문과 담장을 가리키는 말로, 이는 《논어》〈자장〉의 자공이 한 말에서 유래된 것입니다. 노(魯)나라 대부 숙손무숙(叔孫武叔)이 조정에서 다른 대부들에게 자공이 공자보다 더 훌륭하다고 하며 공자를 흉보고 다녔습니다. 그러자 자공은 이렇게 말했습니다.

선생님의 담은 몇 길이나 되어 문을 찾아 들어가지 못하면
종묘의 아름다움과 여러 관직의 많음을 볼 수 없습니다.
夫子之牆數仞, 不得其門而入, 不見宗廟之美, 百官之富

이 말은 곧 스승님의 도(道)가 한없이 높고 드넓어 감히 제자가 바라볼 수 있는 수준이 아니라는 것으로, 훌륭한 스승을 비유하는 말로 쓰입니다.

'도리'는 훌륭한 문하생을 가리키는 말로, 전한 때의 경학가 유향(劉向)이 편찬한 설화집 《설원(說苑)》〈복은(復恩)〉에서 나온 말입니다. 춘추시대의 양호(陽虎)가 진(晉)나라 대부 조간자(趙簡子)에게 제자들이 자기를 알아주지 않는다고 하자 조간자가 이렇게 대답합니다.

봄에 복숭아나 오얏을 심으면 여름에는 그늘이 있고, 가을에는 열매

를 맺을 것입니다. 그런데 질려(蒺藜)를 심으면 여름에 쉴 수가 없고, 가을에는 얻을 것이 없습니다. 지금 그대가 심은 것은 질려이니 지금 이후로는 인재를 택하여 길러줄 것이오, 이미 기른 후에 인재를 택하지 마십시오.

夫樹桃李者, 夏得休息, 秋得食焉. 樹蒺藜者, 夏不得休息, 秋得其刺焉. 今子之所樹者, 蒺藜也, 自今以來, 擇人而樹, 毋已樹而擇之

'질려'는 황무지에서 자라는 거친 풀을 가리키는데, 여기서 '도리'는 질려와 대비되어 훌륭한 제자를 의미합니다. 그리하여 '문장도리'는 훌륭한 스승과 좋은 제자를 뜻하는 말이 되었습니다.

〈사제편〉의 가르침과 몇 개의 고사를 통해 사제지간에 지켜야 할 도리와 마음가짐에 대해 공부했습니다. 각자의 마음속에 문장으로 여기는 스승님이 있을 것입니다. 우리는 스승님을 통해 효행과 공경을 할 수 있게 되었고, 이를 실천해야 함도 배웠습니다. 우리 모두 진정한 '도리(桃李)'가 될 수 있도록 노력해야 할 것입니다.

경장편

四　字　小　學

敬長篇

．

예로부터 동양 사회에서는 나이를 굉장히 중요시하는 문화가 있어왔으며 오늘날까지도 그런 문화가 남아 있습니다. 처음 누군가를 만나게 되면 가장 먼저 묻는 것 중 하나가 나이이고, 나이로써 서로 간의 우선적인 관계를 정립한 후에 그런 관계 속에서 사이가 발전해나가게 됩니다. 지금은 초면에 나이를 묻는 게 큰 실례로 인식되지만, 전통적인 우리 문화는 나이로 서열을 구분하였습니다. 이는 위계를 만들고자 함이 아니라 서로에게 맞는 예우를 갖추어 공경하며 관계를 발전시키고자 함입니다.《맹자》〈공손추 하(公孫丑 下)〉에 이런 문장이 나옵니다.

천하에 널리 높임 받는 것이 세 가지 있는데, 이는 관직, 나이, 덕이다. 조정에서는 관직만한 것이 없고, 마을에서는 나이만한 것이 없고, 세상을 돕고 백성들을 기르는 데는 덕만한 것이 없다.
天下有達尊三, 爵一, 齒一, 德一. 朝廷莫如爵, 鄕黨莫如齒, 輔世長民莫如德

여기서도 알 수 있듯이 나이는 마을에서 가장 높임을 받는 수단으로 손꼽혔습니다. '치(齒)'는 나이를 뜻하는데, 사람의 치아 개수로 나이를 짐작할 수 있기 때문입니다.

〈경장편〉은 어른을 공경한다는 의미를 담은 편명입니다. 그러나 〈경장편〉의 핵심은 '어른[長]'보다는 '공경[敬]'에 있습니다. 따라서 여기에서는 나보다 나이가 많은 어른뿐만 아니라 다른 사람의 형과 부모님, 나를 찾아온 손님 등 다양한 공경의 대상을 가정해서 이들을 어떻게 대해야 하는지 말하고 있습니다.

임금과 신하 사이에는 충(忠), 부모와 자식 간에는 효(孝), 남편과 아내 사이에는 분별[別]이 가장 근간이 되는 중심 덕목이었다면 어른과 아이 사이는 공경[敬]이 기본 덕목이 되는 것입니다. 이에 대해 좀 더 자세히 살펴보도록 하겠습니다.

長者慈幼하고 幼者敬長하며
장 자 자 유　　　유 자 경 장

長者之前엔 進退必恭하라
장 자 지 전　　　진 퇴 필 공

年長以倍어든 父以事之하고
연 장 이 배　　　부 이 사 지

十年以長이면 兄以事之하라
십 년 이 장　　　형 이 사 지

—

어른은 어린 사람을 사랑하고, 어린 사람은 어른을 공경해야 하며
어른의 앞에서는 나아가고 물러남에 반드시 공손히 하라.
나이가 두 배 정도 많으면 어버이로서 그를 섬기며
십 년이 많으면 형으로서 그를 섬겨라.

長 │ 장　어른. '長'은 '길다'라는 의미를 비롯해서 '낫다', '자라다',
'맏이', '우두머리', '길이', '장점' 등 여러 가지 뜻이 있다.
여기서는 '유(幼)'와 대비되는 의미인 '어른'이라는 뜻으로
쓰였다. 뒤에 '연장이배(年長以倍)'와 '십년이장(十年以長)'
에서는 '(나이가)많다'의 뜻으로 쓰였다.

| **者** | 자 | 이 글자는 앞에서도 설명했듯이 '~한 사람'과 '~한 것'이 라는 의미로 크게 구분된다. 여기서는 '~한 사람'이라는 뜻으로 사용되었다. |

| **慈** | 자 | 사랑하다. |

| **幼** | 유 | 어리다. 어린 아이. |

| **退** | 퇴 | 물러나다. |

| **年** | 년 | 해. 나이. |

| **倍** | 배 | 배. 갑절. |

| **之** | 지 | 이 글자는 여러 가지 뜻이 있는데, '~에 가다'라는 의미가 가장 대표적이고, '~의'라는 뜻의 관형격 조사로도 자주 쓰인다. 여기서는 '부(父)'와 '형(兄)'을 받는 지시대명사로 쓰여 '그를'이라고 번역했다. |

어른은 어린 사람을 자애롭게 대해야 하고
어린 사람은 어른을 존경해야 한다

〈경장편〉의 전반부는 어른과 어린 사람의 서로에 대한 도리를 말하고 있습니다. 어른은 어린 사람을 자애롭게 대해야 하고, 어린 사람은 어른을 존경해야 합니다.

어린 사람이 어른 앞에 있을 때는 나아가고 물러남을 공손하게 해야 합니다. 어른을 공경[敬長]하고, 어린 사람을 사랑[慈幼]한다는 말은《예기》〈제의(祭義)〉에서 비롯된 말입니다.

선왕께서 천하를 다스린 까닭이 다섯 가지이니 덕이 있는 자를 귀하게 여기고, 존귀한 자를 귀하게 여기고, 나이 많은 자를 귀하게 여기고, 어른을 공경하며, 어린 사람을 사랑하셨다. 이 다섯 가지가 선왕께서 천하를 평정한 까닭이다. …(중략)… 어른을 공경하는 것은 그가 형에 가깝기 때문이요, 어린 사람을 사랑하는 것은 그가 자식에 가깝기 때문이다.

先王之所以治天下者五, 貴有德, 貴貴, 貴老, 敬長, 慈幼. 此五者, 先王之所以定天下也. …(중략)… 敬長, 爲其近於兄也. 慈幼, 爲其近於子也

여기서 볼 수 있듯이 어른을 존경하고, 어린 사람을 사랑하는 것은 선왕께서 천하를 다스릴 수 있었던 이유 중 하나로, 이는 위정자가 백성들에게 갖추어야 하는 중요한 덕목이었음을 말하고 있습니다.

《사자소학》에서는 그 주체를 위정자로 한정하지 않고, 어른과 나이 어린 사람 서로 간의 도리를 말했습니다. 마지막 두 문장은 구체적인 나이를 제시하여 자신보다 나이가 많은 사람을 대할 때 어린 사람이 취해야 할 태도를 말하고 있습니다.

이 문장 또한 《예기》〈곡례(曲禮)〉에서 인용된 말입니다. 원문을 살펴보면 다음과 같습니다.

나보다 나이가 두 배 정도 많으면 아버지처럼 섬기고, 열 살 정도 많으면 형처럼 섬기고, 다섯 살 정도 많으면 어깨를 나란히 하되 조금 뒤에서 따라간다. 다섯 사람이 함께 있을 때는 가장 나이 많은 어른은 반드시 자리를 달리한다.

年長以倍, 則父事之, 十年以長, 則兄事之, 五年以長, 則肩隨之. 群居五人, 則長者必異席

《예기》에서는 자신보다 나이가 각기 두 배, 10살, 5살 이상 많은 사람을 대할 때의 태도에 대해 말했는데, 앞줄의 '어른[長者]'이라고 지칭했던 대상을 좀 더 세분화하여 나타낸 것입니다.

다섯 사람이 모였을 때라는 것은 꼭 다섯 명의 절대 숫자를 의미하는 게 아니고, 여러 사람이 모였을 때를 가리키는 것입니다.

이때 가장 나이가 많은 사람은 자리를 다르게 하여 대우해줘야 합니다. 흔히 상석(上席)이라 해서 웃어른이 앉는 자리를 지정하는 예의가 있는데, 바로 그것을 말하는 것입니다.

我敬人親이면 人敬我親하며
아 경 인 친 　 인 경 아 친

我敬人兄이면 人敬我兄이니라
아 경 인 형 　 인 경 아 형

賓客來訪이어든 接待必誠하라
빈 객 래 방 　 접 대 필 성

賓客不來면 門戶寂寞이니라
빈 객 불 래 　 문 호 적 막

―

내가 남의 부모님을 공경하면, 남도 내 부모님을 공경할 것이며

내가 남의 형을 공경하면, 남도 나의 형을 공경할 것이니라.

손님이 찾아오면 접대할 때 반드시 정성껏 하라.

손님이 오지 않으면 집안이 적막해지느니라.

人 │ 인 　다른 사람. 남(타인). '人'은 전체적으로 사람을 가리키기
도 하지만, 남을 일컫기도 하니 해석에 주의하여야 한다.
여기서는 '남'이라는 뜻으로 쓰였다.

賓客 │ 빈객 　손님. '賓'과 '客'은 둘 다 손님이라는 뜻을 가지고

있다. '賓'은 집으로 찾아온, 대접해야 하는 귀한 손님을 가리키고, '客'은 예고 없이 찾아와서 잠시 머무르다 가는 나그네라는 뜻으로 구별된다.

| 來 | 래 | 오다. |

| 訪 | 방 | 방문하다. |

| 接 | 접 | 잇다. 닿다. 사귀다. 여기에서는 '손님을 대접한다'는 의미로 쓰였다. |

| 待 | 대 | 기다리다. 대우하다. 위의 '접(接)'과 마찬가지로, '대접하다'의 의미로 쓰였다. |

| 門戶 | 문호 | '門'과 '戶'는 모두 '문'을 뜻하는 글자인데, '門'은 두 쪽으로 여는 문을 형상화한 글자이며 '戶'는 지게문, 외짝 문을 형상화한 글자이다. 오늘날에는 한 가족, 한 집을 나타내는 '호구(戶口)'의 뜻으로 주로 쓰인다. 문호(門戶)는 집으로 드나드는 문을 통틀어 의미한다. |

| 寂 | 적 | 고요하다. |

| 寞 | 막 | 쓸쓸하다. |

다른 사람을 나의 가족처럼 여기면
다른 사람 역시 나의 가족을 존경하고 사랑하게 된다

〈경장편〉의 후반부는 다른 사람의 가족을 우리 가족처럼 공경해야 함을 강조하고 있으며 손님을 접대하는 일의 중요성에 대해 말하고 있습니다.

나의 어버이와 형을 공경하는 방법에는 여러 가지가 있겠지만, 가장 단순하고도 명확한 방법은 곧 '다른 사람의 어버이와 형을 공경하면, 다른 사람도 나의 어버이와 형을 공경한다'는 것입니다. 《맹자》〈양혜왕 상(梁惠王 上)〉에 다음과 같은 문장이 보입니다.

자신의 어르신을 공경하는 마음으로 다른 사람의 어르신을 공경하고,
자기 자식을 사랑하는 마음으로 다른 사람의 자식을 사랑한다.
老吾老, 以及人之老, 幼吾幼, 以及人之幼

또한 〈이루 상(離婁 上)〉에는 이런 문장이 나옵니다.

모든 사람이 그의 어버이를 어버이로 섬기고,
그의 자식을 자식으로 모신다면 천하가 평안해질 것이다.
人人親其親, 長其長, 而天下平

나 자신부터 다른 사람의 부모님과 자식을 나의 부모님과 자식 대하듯이 공경하고 사랑하면, 상대방 또한 똑같이 대하게 될 것입니다. 이렇게 모든 사람이 서로의 나이 든 사람과 어린 사람을 공경하고 사랑한다면 장유(長幼)의 질서가 굳건하게 확립되어 천하가 평안해질 것입니다.

〈경장편〉의 마지막 두 문장은 빈객을 맞이하는 태도에 대해 설명하고 있습니다. 부모님과 형에서 나아가 집에 찾아온 손님까지 그 공경의 대상을 확대하여 말한 것입니다.

예로부터 '제사를 받들고, 손님을 접대하는 것[奉祭祀, 接賓客]'은 유교의 양반 문화를 대표하는 가장 중요한 두 가지 일이었습니다. 손님께서 집에 찾아오셨을 때는 그를 대접하기를 반드시 정성들여 해야 하니, 손님을 정성들여 대우하면 내가 다른 집의 손님으로 갔을 때에도 같은 대접을 받게 되는 것입니다. 조선 후기에 우리나라에 들어온 서구인들이 여관이나 숙박 시설이 없어서 무척 당황했다고 합니다. 왜냐하면 우리는 나그네가 하룻밤을 청하면 형편이 되는 한 재워줬기 때문입니다. 따로 여관이 있을 까닭이 없었습니다.

이처럼 손님을 정성으로 대접하면 찾아오는 방문객이 많아 문

앞이 마치 시장인 것처럼 문전성시(門前成市)가 될 것입니다. 그러나 손님을 정성으로 대하지 않는다면 그 사람은 불쾌감을 느껴 다시는 오지 않을 수도 있습니다. 이처럼 손님이 찾아오지 않게 되면 그 문호가 쓸쓸하여 적막한 기운이 느껴질 것입니다.

〈경장편〉은 마땅히 공경해야 하는 대상을 나열하고 서로 지켜야 할 도리, 태도, 마음가짐 등에 대해 포괄적으로 서술하며 마무리 짓고 있습니다.

여기서 가장 기억해야 할 점은 다른 사람의 부모와 형을 내 가족처럼 여기면 다른 사람 역시 나의 가족을 존경하고 사랑하게 된다는 내용입니다. 모두가 나의 가족이라는 마음으로 서로 돕고 아낀다면, 행복하고 평안한 세상을 만드는 데 한걸음 더 나아가게 될 것입니다.

붕우편

四　字　小　學

朋友篇

．

우리가 이 세상을 살아가면서 피를 나눈 가족이나 함께 사는 배우자도 중요하지만, 내 옆에서 든든하게 힘이 되어 주는 친구 또한 대단히 중요한 존재라고 할 수 있습니다.

우리는 이름이나 직업, 나이 등을 아는 정도의 사람을 '지인(知人)'이라고 표현합니다.

교우 관계는 대체로 지인으로 시작하여 특정한 계기를 통해 서로의 성향이 비슷함을 알게 됩니다. 비슷한 기호를 가진 사람들이 친하게 어울리면서 자연스럽게 벗으로 발전하게 됩니다.

여러 벗 중에서도 자신을 특별히 잘 알아주는 친구인 지기지우(知己之友)를 '지음(知音)'이라고 합니다. 이는 춘추시대를 살았던 백아(伯牙)와 그의 친구 종자기(鍾子期)의 고사에서 비롯된 말입니다.

백아는 거문고를 잘 타기로 유명했는데, 종자기는 백아가 타는 거문고 소리만 들어도 그의 심중을 알아차렸다고 합니다. 그러므로 음만 들어도 안다는 의미인 지음으로 말하게 된 것입니다.

그런데 종자기가 죽게 되자, 백아는 이 세상에 더 이상 자신의 거문고 소리를 이해하는 사람이 없다고 여겨 거문고를 부수고 줄을 끊은 후 다시는 거문고를 타지 않았다고 합니다. 이때부터 지음이라는 말은 자신의 속마음까지 알아주는 절친한 친구를 가리키게 되었습니다.

〈붕우편〉은 인생에서 벗의 중요성, 올바른 교우 관계, 친구 간의 도리 등에 대해 전반적으로 설명하고 있습니다. 수많은 경전과 작품에서 붕우 사이의 정(情)과 그 마땅한 도리에 대해 말하고 있는데, 〈붕우편〉의 문장들 또한 대부분이 그 출전을 가지고 있습니다. 이에 대해 좀 더 자세히 살펴보겠습니다.

人之在世에 不可無友니
인 지 재 세 　 불 가 무 우

以文會友하고 以友輔仁하라
이 문 회 우 　 이 우 보 인

友其正人이면 我亦自正하고
우 기 정 인 　 아 역 자 정

從遊邪人이면 我亦自邪니라
종 유 사 인 　 아 역 자 사

蓬生麻中이면 不扶自直이요
봉 생 마 중 　 불 부 자 직

白沙在泥면 不染自汚니라
백 사 재 니 　 불 염 자 오

—

사람이 세상을 살아감에 벗이 없어서는 안 되니

문장으로써 벗을 모으고, 벗으로써 인덕(仁德)을 쌓도록 도와라.

바른 사람과 교우하게 되면 나 또한 저절로 바르게 되며

간사한 사람을 따라 노닐면 나 또한 절로 간사하게 되나라.

쑥이 삼 가운데서 나게 되면 붙들어주지 않아도 저절로 곧아지며

흰 모래가 진흙에 있게 되면 물들이지 않아도 저절로 더러워지니라.

| 在 | 재 | 있다.

| 文 | 문 | '글월', '무늬', '채색' 등 여러 의미를 가지고 있다. 여기서는 '글', '문장' 등의 뜻으로 사용되었다.

| 友 | 우 | 벗, 친구. 뒤의 '우기정인(友其正人)'에서 '友'는 동사로 쓰여 '벗하다', '교제하다'의 의미로 쓰였다.

| 輔 | 보 | 돕다.

| 仁 | 인 | 어질다. '어진 행동', '인덕(仁德)' 등을 함축하는 의미로 봐야 한다.

| 自 | 자 | 스스로. 저절로.

| 正 | 정 | 바르다.

| 從 | 종 | 좇다, 따르다.

| 邪 | 사 | 간사하다. 어긋나다.

| 蓬 | 봉 | 쑥. 쑥은 삼보다 키가 작고 꾸불꾸불하게 자라는 습성이 있는데, 키도 크고 곧게 뻗어나가는 습성이 있는 삼밭에 함께 심으면 그 영향을 받아 곧게 자라게 된다고 한다.

| 麻 | 마 | 삼.

| 中 | 중 | 가운데.

|扶| 부 돕다. 부축하다.

|直| 직 곧다.

|白| 백 희다.

|沙| 사 모래.

|泥| 니 진흙.

|染| 염 물들이다. 오염(汚染), 전염(傳染)이라는 말에서 보듯이 주로 '나쁜 영향을 받다'라는 부정적인 뉘앙스를 나타낼 때 쓴다.

|汚| 오 더럽다.

쑥이 삼 가운데에 있으면 붙들어주지 않아도 곧게 자라고,
흰 모래가 진흙 속에 있으면 진흙과 함께 검게 된다

〈붕우편〉의 첫 번째 단락은 벗과 사귐의 중요성과 올바른 벗을 만드는 법에 대해 설명하고 있습니다. 사람이 세상을 살아감에 있어 친구는 없어서는 안 될 중요한 존재입니다.

현대에는 통신수단의 발전으로 문자, 이메일, SNS 등으로 쉴 새 없이 친구와 안부나 정보를 주고받으며 우정을 쌓아갑니다. 하지만 옛날에는 자신이 쓴 시 등을 주고받으며 친분을 쌓거나 심오한 철학 사상에 대해 토론하기도 했습니다.

'이문회우(以文會友)'는 곧 문장을 통해 친구를 모아야 한다고 말한 것인데, 여기서 '문장(文)'이라 함은 단순한 글을 뜻하는 것을 넘어서서 학문의 개념까지 포함하는 것으로 보아야 합니다.

이렇게 사귄 벗으로 서로의 인덕을 쌓으니 이야 말로 올바른 교우 관계의 긍정적 효용일 것입니다. 이 말은 《논어》 〈안연〉에 나오는 증자의 말로, 원문에서는 이를 '군자의 행동[曾子曰, 君子以文會友, 以友輔仁]'으로 본 것에 비해 《사자소학》에서는 일반적인 사람[人]을 주체로 나타냈습니다.

세 번째 문장부터는 친구와의 사귐이 나에게 미치는 영향에 대해 말하고 있습니다. '친구 따라 강남 간다'는 말도 있듯이, 자신의 사상이나 성향에 대한 정체성이 견고하게 굳어지기 전까지 우리의 사고방식과 행동은 옆에 있는 친구의 영향을 많이 받게 됩니다.

그렇기 때문에 어떤 무리의 한 사람을 보면 나머지 사람들까지도 파악할 수 있게 되는 것이니, 이를 우리는 '유유상종(類類相從)'이라고 표현합니다.

내가 바른 사람과 어울리면 그 친구를 본받아 내 행동이 바르게 될 것이며, 간사하고 교활한 사람과 함께 어울리면 나의 마음가짐 또한 비슷하게 될 것입니다.

다음의 두 문장은 벗에게서 받는 영향을 직접적으로 비유하여 나타냈는데, 이는 《순자(荀子)》〈권학(勸學)〉에 나오는 구절입니다. 원문을 살펴보면 다음과 같습니다.

서쪽 지역에 나무가 있으니, 그 이름은 사간(射干)이다. 사간나무의 줄기와 길이는 네 치 밖에 안 되지만, 높은 산에서 자라 백 길이나 되는 깊은 연못까지 볼 수 있다. 이는 나무줄기가 길어서가 아니라 서 있는 자리 때문에 그런 것이다. 쑥이 삼 가운데에서 자라면 붙들어주지 않아도 곧게 자라고, 흰 모래가 진흙 속에 있으면 진흙과 함께 검게 된다.
西方有木焉, 名曰射干. 莖長四寸, 生於高山之上, 而臨百仞之淵. 木莖非能長也, 所立者然也. 蓬生麻中, 不扶而直, 白沙在涅, 與之俱黑

사간나무는 키가 네 치밖에 안 되는데도 서 있는 자리가 높았기 때문에 매우 깊은 연못까지 볼 수 있었던 것처럼, 벗을 사귐에 있어서 그 환경에 대한 중요성을 깨우치는 글입니다.

그런가 하면 쑥은 본래 옆으로 자라는 성질이 있지만, 빽빽한 삼 가운데 심으면 붙들어주지 않아도 저절로 곧게 자라게 됩니다. 위 문장의 '바른 사람과 교우하게 되면 나 또한 저절로 바르게 된다[友其正人, 我亦自正]'의 예를 든 것입니다.

반면에 흰 모래가 검은 색 진흙과 섞이게 되면 저절로 검은 색이 되니, 이는 앞 문장과는 반대로 친구에게 안 좋은 영향을 받게 되는 경우의 예를 든 것입니다.

'쑥'과 '흰 모래'는 아직 친구의 영향을 받지 않은 본래의 나 자신의 모습을 의미하는 것인데, '삼'은 나의 행동을 바르게 해주는 좋은 친구를 가리킨 것이며, '진흙'은 나를 안 좋은 방향으로 물들이는 나쁜 친구를 가리킨 것입니다.

近墨者黑^{이요} 近朱者赤^{이니}
근 묵 자 흑　　　근 주 자 적

居必擇隣^{하고} 就必有德^{하라}
거 필 택 린　　　취 필 유 덕

擇而交之^면 有所補益^{하며}
택 이 교 지　　　유 소 보 익

不擇而交^면 反有害矣^{니라}
불 택 이 교　　　반 유 해 의

—

먹을 가까이 하는 사람은 검게 되고,

붉은 인주를 가까이 하는 사람은 붉게 되느니라.

거처함에 반드시 이웃을 가려서 택하고,

나아감에 반드시 덕이 있는 자와 함께하라.

가려서 그를 사귀면 도움이 되는 바가 있으며

가리지 않고 사귀면 도리어 손해를 입게 된다.

|近| 근 가깝다.

|墨| 묵 먹.

|黑| 흑　검다. 검은색.

|朱| 주　붉은빛. '먹[墨]'과 대구를 이루어, '붉은색을 띤 물체'를
　　　　의미하는 것으로, 여기서는 '붉은 인주'로 풀이했다.

|赤| 적　붉다.

|居| 거　살다. 거처하다.

|擇| 택　가리다. 고르다. 선택하다.

|隣| 린　이웃.

|就| 취　나아가다.

|交| 교　사귀다.

|補| 보　돕다. '옷의 해진 부분을 깁다'라는 의미에서 '모자라는 부
　　　　분을 보충해준다'는 뜻으로 확대되었다.

|益| 익　더하다. 유익하다.

|反| 반　〈효행편〉의 '반필면지(反必面之)'에서는 동사로 '돌아오다'
　　　　라는 의미로 쓰였는데, 여기서는 부사로 쓰여 '도리어'라
　　　　는 뜻이 된다.

|害| 해　해치다. 손해.

정직하고, 신실하고, 견문이 넓으면 유익한 벗이요
편벽되고, 아첨하며, 말만 번지르르하면 손해가 되는 벗이다

〈붕우편〉의 두 번째 단락은 친구를 잘 선택하는 것의 중요성에 대해 말하고 있습니다. 첫 번째 문장의 먹과 붉은 인주는 나에게 영향을 미치는 친구의 존재를 사물로 표현한 것입니다.

흰 물감에 검은색 물감을 섞으면 짙은 회색이 되고, 붉은색 물감을 섞으면 자주색이 됩니다. 친구와 어울리기 전의 본래 내 모습이 흰색이라고 할 경우에 검은색과 합쳐지면 나 또한 검어지고, 붉은색과 합해지면 나 또한 붉어집니다.

이처럼 어떤 친구를 만나는가에 따라 나의 가치관과 행동에 큰 영향을 미칠 수 있기 때문에 우리는 올바른 친구를 잘 선택해서 만나야 합니다. 이 단락의 두 번째 문장은 모두《논어》에서 비롯된 말인데, 〈이인〉을 살펴보면 이런 말이 나옵니다.

인(仁)한 사람들이 마을을 이루는 것을 아름답게 여기니
택하여 인한 곳에 머무르지 않으면 어찌 지혜롭다 하겠는가.
里仁爲美. 擇不處仁, 焉得知

그런가 하면 〈학이〉에서는 '도(道)가 있는 자에게 나아가 나를 바로잡는다[就有道而正焉]'고 했습니다. 함께 마을을 이루는 이웃 사람들을 잘 선택해야 하며 도가 있는 자와 어울리면서 나 자신을 바로잡아야 한다는 것입니다.

여기서의 도(道)는 덕(德)과 같은 의미로 쓰인 것입니다. 즉, 나와 생활을 함께하는 이웃 또는 친구를 잘 선택하는 것의 중요성에 대해 말하고 있습니다.

그 다음의 두 문장은 벗을 '잘 가려서 선택[擇]'하는 것에 대해 말하고 있습니다. 〈붕우편〉에는 두 문장씩 짝을 이뤄 대비시켜 표현하는 경우가 많은데, 이 부분 또한 마찬가지입니다.

벗을 잘 가려서 사귈 경우와 그렇지 않을 때를 대비시켜 나타내는데, 이 문장은 《논어》〈계씨(季氏)〉에서 비롯한 말입니다. 《논어》에서는 나에게 보탬이 되는 친구 세 부류와 해가 되는 친구 세 부류에 대해 설명했는데, 원문은 다음과 같습니다.

공자께서 말씀하시길 "나에게 보탬이 되는 세 가지 벗과 손해가 되는 세 가지 벗이 있으니 정직하고, 신실하고, 견문이 넓으면 유익한 벗이요, 편벽되고, 아첨을 잘하며, 말만 번지르르하면 손해가 되는 벗이다."

孔子曰, "益者三友, 損者三友. 友直, 友諒, 友多聞, 益矣. 友便辟, 友善柔, 友便佞, 損矣."

정직하면서 믿음을 주고, 견문이 넓은 친구는 앞 단락의 '쑥을 곧게 세워주는 삼', '덕이 있는 자'와 일맥상통하는 의미로, 나에게 도움이 되고 나를 바로잡는 벗이 됩니다.

그러나 한쪽으로 치우쳐 있고, 아첨하기를 즐기며 말만 세련되게 하는 친구는 '나를 물들이는 진흙'과 의미가 통하여 나에게 좋지 않은 영향을 주는 벗이 됩니다. 이 문장들은 앞 단락에 이어 친구를 가려서 교제하는 일의 중요성을 다시 한 번 강조한 것입니다.

朋友有過어든 忠告善導하니
붕 우 유 과 　 충 고 선 도

人無責友면 易陷不義니라
인 무 책 우 　 이 함 불 의

面讚我善이면 諂諛之人이요
면 찬 아 선 　 첨 유 지 인

面責我過면 剛直之人이니라
면 책 아 과 　 강 직 지 인

言而不信이면 非直之友니라
언 이 불 신 　 비 직 지 우

見善從之하고 知過必改니라
견 선 종 지 　 지 과 필 개

悅人讚者는 百事皆僞이며,
열 인 찬 자 　 백 사 개 위

厭人責者는 其行無進이라
염 인 책 자 　 기 행 무 진

―

친구가 잘못이 있으면 충고하고, 선으로 인도해야 하니

사람으로서 자신을 질책해주는 친구가 없으면

옳지 못한 일에 쉽게 빠지게 된다.

면전에서 나의 좋은 점을 칭찬하면 아첨하는 사람이며

면전에서 나의 잘못을 꾸짖으면 강직한 사람이다.

말하는 데 믿음이 없으면 곧지 않은 벗이다.

다른 사람의 선함을 보면 그를 따르고, 잘못을 알면 반드시 고쳐야 한다.

남의 칭찬을 좋아하는 사람은 모든 일이 전부 거짓이며

남의 꾸짖음을 싫어하는 사람은 그 행동에 발전이 없다.

朋	붕	벗. 친구. 벗을 나타내는 또 다른 한자인 '友'와 합쳐 '붕우(朋友)'라는 단어로 자주 쓰인다. '朋'이 한 집단이나 한 무리에서 공부한 '동문(同門)', '동기(同期)'의 의미가 강하다면 '友'는 뜻을 함께하는 '동지(同志)'의 뜻이 더 강하다는 차이가 있다.
導	도	인도하다.
忠	충	충성. 진심.
易	이	쉽다. '바꾸다'의 의미로 쓸 때는 '역'이라고 읽는다.
陷	함	빠지다.
讚	찬	기리다. 칭찬하다.

| 諂 | 첨 | 아첨하다. 뒤의 '유(諛)' 또한 같은 뜻이다. |

| 剛 | 강 | 굳세다. |

| 僞 | 위 | 거짓. 속이다. |

| 讚 | 찬 | 기리다. 칭찬하다. |

| 剛 | 강 | 굳세다. 뒤에 나오는 '직(直)' 또한 같은 뜻이다. |

| 之 | 지 | 〈형제편〉에서도 설명했듯이 '~에 가다'라는 동사로서의 의미, '~의'라는 관형격 조사로서의 의미, '그(것)', '이(것)' 등의 지시대명사로서의 의미가 있다. '직지인(直之人)'과 '직지우(直之友)'에서는 관형격 조사로 쓰여 '곧은 사람', '곧은 벗'으로 풀이했으며 뒤의 '견선종지(見善從之)'에서는 지시대명사로 쓰여 '그를'이라고 풀이했다. |

| 百 | 백 | 일백. 백사(百事)는 정확히 100개의 일을 의미하지 않고 '온갖 일', '모든 일'의 뜻으로 쓰였다. 한문에서 만(萬), 천(千), 백(百), 십(十), 삼(三) 등의 숫자는 구체적으로 그 숫자를 가리키기보다 '많은', '모든'의 의미로 쓰이는 경우가 많다. |

| 皆 | 개 | 모두. 앞의 '百'과 의미가 동일하다. |

| 僞 | 위 | 거짓. 속이다. |

厭 | 염 | 〈효행편〉에서 설명했듯이 이 글자의 본래 뜻은 '(음식 등이)포화 상태가 되어 물리다'라는 것이다. 여기서 비롯되어 '싫어하다'의 의미로 확대해 썼다.

進 | 진 | 진전. 발전.

벗을 사귀는 것은 그 사람의 덕을 벗하는 것이니 의지하는 것을 가지고 벗해서는 안 된다

〈붕우편〉의 마지막 단락입니다. 나를 바르게 잡아줄 수 있는 친구를 만나고, 도움이 되는 친구를 가려서 사귄다 해도 친구가 잘못을 저지르거나 친구와 의견이 맞지 않는 경우에 직면하게 됩니다.

이 단락에서는 올바른 교우 관계를 위해 지켜야 할 도리와 마땅히 취해야 할 태도에 대해 설명하고 있습니다. 친구가 잘못을 저질렀을 경우에는 좋은 말로 충고하고, 선행으로 그를 인도해야 합니다.

당장의 관계가 어색해질 것이 두려워 친구의 잘못을 신경 쓰지 않고, 그를 꾸짖지 않게 되면 친구는 더더욱 의롭지 못한 지경에 이르게 될 것입니다.

이는 올바른 친구의 자세가 아니며, 친구의 잘못을 감싸는 것이 친구와의 교분을 두텁게 만드는 것도 아닙니다. 이 말 또한 《논어》〈안연〉에서 나온 것인데, 자공이 벗에 대해 묻자 공자께서 이렇게 말씀하십니다.

좋은 말로 충고하여 선으로 이끌되 안 될 것 같으면
그만두어서 스스로 욕을 당하지 말아야 한다.
忠告而善道之, 不可則止, 毋自辱焉

친구가 잘못을 저질렀을 경우에는 충고를 하고, 선행을 할 수 있도록 인도하되, 만일 그렇게 해도 친구가 계속해서 잘못을 저지르고 고치지 않을 경우에는 충고하기를 그만두라고 말하고 있습니다. 친구가 충고를 듣지 않고, 의롭지 못한 일을 계속할 경우에는 오히려 내가 욕을 당하게 되기 때문입니다.

앞의 두 문장이 내가 친구를 대하는 태도에 대한 서술이라면, 세 번째와 네 번째 문장은 이와 반대로 나를 대하는 친구의 태도를 통해 벗이 어떠한 사람인지 알 수 있다는 것입니다.

내 앞에서 나의 좋은 점만을 말하는 사람은, 나에게 잘 보이고 싶어서 아첨하는 사람일 것이며 내가 없는 곳에서 나를 어떻게 말하는지 알 수 없는 것입니다.

그런 사람은 겉으로는 나를 따르는 척하면서 속으로는 딴 마음을 먹는 면종복배(面從腹背)의 가능성이 있습니다. 반면에 내 얼굴을 직접 보면서 내 잘못을 꾸짖을 수 있는 사람은 곧고 정직할 것입니다.

벗의 평소 언행과 행동거지에 대해 잘 관찰하여 나의 면전에서 아부만 하는 친구인지, 나의 잘못을 꾸짖어줄 친구인지를 판단할 수 있어야 합니다. 그 결과 말에 믿음이 생기지 않는다면 그는 정직한 친구가 아닐 것이니, 그는 나에게 아첨하는 부류에 가까울 것입니다.

벗의 행동에 있어서 본받을 만한 좋은 점이 있으면 그를 따르고, 나에게 잘못이 있음을 알게 되면 반드시 고치도록 노력해야 합니다. 이 문장 또한《논어》〈술이〉에서 나온 것인데, 공자께서는 이렇게 말씀하십니다.

세 명이 길을 가면 반드시 나의 스승이 될 만한 사람이 있으니,

좋은 점을 택하여 그를 따르고, 좋지 못한 점을 보면 내 잘못을 고친다.

三人行, 必有我師焉, 擇其善者而從之, 其不善者而改之

여러 벗을 사귀게 되면 반드시 본받을 만한 점이 있을 것이니 그런 점은 존중하고 따라야 할 것입니다. 또한, 좋지 못한 점도 보게 될 것이니, 그렇더라도 내 모습을 되돌아보고 같은 실수를 반복하지 않도록 다짐한다면 그에게도 배울 점이 있습니다. 이처럼 부정적인 면에서도 배울 게 있다는 뜻의 말을 반면교사(反面教師)라고 합니다.

〈붕우편〉의 마지막 두 문장은 다른 사람의 칭찬과 꾸짖음에 대한 태도를 보면 그 사람의 본모습을 알 수 있음을 말하고 있습니다. 다른 사람의 아부와 칭찬을 듣고 지나치게 좋아하는 사람은 명철한 판단력을 잃어버린 사람이니, 그가 하는 모든 일을 이미 신임할 수 없을 것입니다.

또한 자신의 잘못에 대해 꾸짖는 친구를 싫어하는 사람은 현재 자기 모습에서 더 이상 발전할 수 없을 것입니다. 공자께서는《논어》〈술이〉에서 이렇게 말씀하셨습니다.

나는 정말 다행스러운 사람이니,

진실로 나에게 잘못이 있다면 사람들이 반드시 이를 알려준다.

丘也幸, 苟有過, 人必知之

나의 잘못을 일러주는 사람들이 곁에 있다는 것은 정말로 행복한 일이며, 주변에 나를 치켜세우고 입에 발린 말만 하는 사람들이 가득하면 진실을 알기 어려울 것입니다. 똑바로 보지 못하면 나아지게 할 수 없습니다.

'인찬(人讚)'과 '인책(人責)'은 모두 중간에 관형격 조사인 '之'가 생략된 형태로 봐야 하니 '남의 칭찬[人之讚]', '남의 꾸짖음[人之責]'으로 쓴다면 그 의미가 좀 더 명확해질 것입니다. 여기서는 글자 수를 맞추기 위해 '之'를 생략한 것입니다.

《맹자》〈만장 하(萬章 下)〉에서, 만장이 맹자에게 벗을 사귐에 대해 묻자 맹자가 다음과 같이 대답합니다.

나이가 많은 것에 의지하지 말고, 신분이 귀한 것에 의지하지 말고, 형제들에 의지하지 말고 벗을 삼아야 한다.

벗을 사귀는 것은 그 사람의 덕을 벗하는 것이니, 의지하는 것을 가지고 벗해서는 안 된다.

不挾長, 不挾貴, 不挾兄弟而友, 友也者, 友其德也, 不可以有挾也

친구를 사귈 때에는 그의 나이나 신분 등 소위 조건을 보고 사귀는 것이 아니라 그의 덕을 보고 사귀어야 함을 말한 것입니다. 벗들이 나에게서 본받을 만한 점이 과연 있는지 나의 잘못을 내 앞에서 직접 충고해 줄 수 있는 친구는 몇 명이나 되는지, 진정한 친구의 의미에 대해 다시 한 번 생각해보아야 할 것입니다.

수신편

四) 字) 小) 學

修身篇

:

《사자소학》의 마지막 편은 바로 자신의 몸을 닦는다는 의미의 '수신(修身)'에 관한 내용입니다. 몸을 닦는다는 것은 물로 몸을 씻는다는 의미가 아니라 자신의 마음과 행실을 수양한다는 뜻입니다.

앞에서 우리는 부모와 자식, 형과 아우, 임금과 신하, 남편과 아내 등 두 주체를 정해서 상대방과의 관계에서 행해야 할 마땅한 도리에 대해 배웠습니다. 그리고 마지막인 〈수신편〉은 나 자신을 수양해야 한다는 내용을 설명합니다.

앞서 〈제가편〉에서 수신제가치국평천하(修身齊家治國平天下)라는 말에 대해 언급했습니다. 이 문장에서도 볼 수 있듯이 자신의 몸을 잘 수양하는 것[修身]이 집안을 정돈하는 것보다 앞에 자리하고 있으며, 이는 천하 평정의 가장 기본 덕목이 되는 것입니다.

〈수신편〉은 전반적으로 자신의 심성 수양과 올바른 행동거지에 관련한 내용을 담고 있습니다. 사자소학에서 〈효행편〉 다음으로 많은 분량을 차지합니다. 그밖에도 《사자소학》의 앞 편에서 다루었던 내용을 다시 한 번 반복하고 강조하기도 합니다. 즉, 보편적인 인간관계에서 지켜야 할 도리를 포괄하여 여러 가지 다양한 내용을 담고 있다고 할 수 있습니다.

〈수신편〉에 나오는 자기를 다스리는 도리들은 사실 어려운 것은 아니고, 어찌 보면 당연한 이야기일 수도 있습니다. 그렇지만, 이것을 지켜 행하는 것은 생각처럼 쉽지 않습니다. 선조들의 여러 말씀을 마음에 새기고 몸소 실천하기 위해 노력해야 할 것입니다.

元亨利貞은 天道之常이요
원 형 이 정　　천 도 지 상

仁義禮智는 人性之綱이니라
인 의 예 지　　인 성 지 강

父子有親하며 君臣有義하며
부 자 유 친　　군 신 유 의

夫婦有別하며 長幼有序하며
부 부 유 별　　장 유 유 서

朋友有信이니 是謂五倫이니라
붕 우 유 신　　시 위 오 륜

君爲臣綱이요 父爲子綱이요
군 위 신 강　　부 위 자 강

夫爲婦綱이니 是謂三綱이니라
부 위 부 강　　시 위 삼 강

人所以貴는 以其倫綱이니라
인 소 이 귀　　이 기 윤 강

원형이정은 천도의 떳떳함이오,

인의예지는 인성의 큰 줄기이니라.

부자간에는 친함이 있고, 군신간에는 의리가 있으며

부부간에는 다름이 있고, 어른과 어린이 사이에는 차례가 있으며

친구 사이에는 믿음이 있어야 하니, 이것을 오륜이라 하느니라.

임금은 신하의 본보기가 되고, 어버이는 자식의 본보기가 되며

남편이 부인의 본보기가 되어야 하니, 이것을 삼강이라 하느니라.

사람이 귀한 까닭은 이러한 오륜과 삼강 때문이니라.

元亨利貞 | 원형이정 《주역(周易)》에서 말하는 하늘이 갖추고 있는 네 가지 덕(德)을 말한다. 이는 곧 사물의 근본 원리로 사물이 생겨나서 성장하고 이루어지고 거두어짐을 말한다.

常 | 상 항상. 불변의 법칙. 사람이 행해야 할 떳떳한 도리.

仁義禮智 | 인의예지 사람으로서 갖춰야 할 네 가지 마음가짐이다. 하늘의 사덕(四德)인 원형이정을 사람이 인의예지의 인성으로 본받았다는 것이다.

綱 | 강 벼리. 벼리는 그물코를 꿴 굵은 줄을 말한다. 곧 일이나 글의 뼈대, 대강의 큰 줄기를 의미한다. 여기서 확대되어 '본보기', '모범', '중심' 등의 뜻으로 쓰이게 되었다.

| 序 | 서 | 차례, 순서. |

| 倫 | 륜 | 인륜. |

| 爲 | 위 | ~이 되다. |

| 所以 | 소이 | ~하는 까닭. |

| 貴 | 귀 | 귀하다. |

원(元)은 착함의 으뜸이요, 형(亨)은 아름다움의 모임이요,
이(利)는 의로움의 조화요, 정(貞)은 사물의 근간이다

첫 번째 단락은 인간의 도리에 대해 전반적으로 서술하고 있습니다. 하늘의 도(道)와 인간세계를 대비시켜 여러 관계의 강령을 설명하고, 그러한 관계를 이루는 개개인에 대한 고찰 순으로 서술합니다.

'원형이정'은 《주역》〈건괘(乾卦)〉의 '건은 원형이정이다[乾, 元亨利貞]'라는 문장에서 나온 것입니다. 여기서 '건'은 하늘을 뜻하는 말로, 주역의 64괘 중 가장 첫 번째 괘입니다. 건괘의 괘사(卦辭)를 설명한 《문언전(文言傳)》을 보면 '원형이정'에 대해 좀 더

자세한 설명을 볼 수 있습니다.

　원(元)은 착함의 으뜸이요, 형(亨)은 아름다움의 모임이요, 이(利)는 의
로움의 조화요, 정(貞)은 사물의 근간이다. 군자는 인(仁)을 체득하여
다른 사람을 자라게 할 수 있고, 아름다움을 모아서 예(禮)에 합치시
킬 수 있고, 사물을 이롭게 하여 의로움과 조화를 이룰 수 있고, 곧음
을 견고히 하여 사물의 근간이 되게 할 수 있다. 군자는 이 네 가지 덕
을 행하기 때문에, 건은 원형이정이라고 말하는 것이다.
　元者, 善之長也. 亨者, 嘉之會也, 利者, 義之和也. 貞者, 事之幹也. 君
子體仁足以長人, 嘉會足以合禮, 利物足以和義, 貞固足以幹事. 君
子行此四德, 故曰, 乾, 元亨利貞

　여기서 볼 수 있듯이 '원형이정'은 천도(天道)의 네 가지 도리
를 뜻하며,《주역》에서는 군자가 이 네 가지 덕을 행할 수 있다고
했습니다. 사물의 근본 원리를 의미하는 이 말은 곧 사계절과 연
결시킬 수 있으니 원은 봄[春]에, 형은 여름[夏]에, 이는 가을[秋]
에, 정은 겨울[冬]에 해당됩니다.
　봄에는 만물이 탄생하며, 여름에 성장하고, 가을에 결과물을 이
루며, 겨울에는 거두고 완성하기 때문입니다. 겨울이 가면 또 다
시 봄이 오는 것은 천리 자연의 본체이니 이는 만대에 이르도록

바뀌지 않는 것입니다.

'인의예지'는 사람으로서 마땅히 갖추어야 할 네 가지 덕목으로, 이는 유교 윤리의 중심 원리이자 인간 본성의 근본이라 할 수 있습니다. 이 말은 《맹자》〈공손추 상(公孫丑 上)〉에서 말한 '사단(四端)'과 관련이 있는데, 본문을 살펴보면 다음과 같습니다.

측은히 여겨 차마 어쩌지 못하는 마음은 인(仁)의 단서요, 옳지 못함을 부끄러워하는 마음은 의(義)의 단서요, 겸허히 양보하는 마음은 예(禮)의 단서요, 옳고 그름을 가리는 마음은 지(智)의 단서이다.

惻隱之心, 仁之端也, 羞惡之心, 義之端也, 辭讓之心, 禮之端也, 是非之心, 智之端也

즉, '인의예지'는 인간의 본성을 드러내는 네 가지 마음의 단서가 되는 것입니다. 여기서의 '단(端)'에 대해 송대의 철학가인 주자는 '실마리이다[緒也]'라고 풀이했는데, 《설문해자(說文解字)》에서 '서(緒)'는 '사단(絲端-실 끝)'이라고 했습니다.

그런가 하면 중국의 근대학자인 양백준(楊伯峻)은 '맹아(萌芽)'라고 풀이했습니다. 맹아는 싹이 튼다는 뜻에서 사물의 징후나 시초를 가리키는 말입니다. 또한 맹자는 이를 인간 본성의 네 가지 덕목인 '사덕(四德)'이라고 하여 성선설의 근거로 삼았습니다.

그 다음은 삼강(三綱)과 오륜(五倫)의 강령을 나열하고 있습니다. 삼강오륜은 본래 삼강오상(三綱五常)에서 유래된 말로, 여기서 '상(常)'은 곧 '륜(倫)'과 동일한 의미입니다.

이는 인간으로서 마땅히 지켜야 할 도리를 말한 것으로 《사자소학》에서는 오륜을 먼저 서술하고 있습니다. 오륜의 각 사항들은 《사자소학》의 〈효행편〉, 〈충효편〉, 〈제가편〉, 〈경장편〉, 〈붕우편〉에서 이미 그 내용을 설명한 바 있습니다.

삼강의 '강(綱)'은 '벼리'를 의미하는데, 벼리는 큰 줄기를 뜻합니다. 임금은 신하의 줄기가 되고, 어버이는 자식의 줄기가 되고, 남편은 부인의 줄기가 된다는 것이니 이는 곧 임금은 신하의 본보기가 되어야 함을 말한 것입니다.

이러한 삼강과 오륜을 지키며 살아가기 때문에 사람이 귀하게 되는 것이니, 이는 곧 사람을 사람답게 만들어주는 까닭이 됩니다. 그러므로 삼강오륜은 예전부터 사회의 기본 윤리로 전해 내려오고 있습니다.

足容必重하고 手容必恭하며
족 용 필 중　수 용 필 공

目容必端하고 口容必止하며
목 용 필 단　구 용 필 지

聲容必靜하고 頭容必直하며
성 용 필 정　두 용 필 직

氣容必肅하고 立容必德하며
기 용 필 숙　입 용 필 덕

色容必莊이니 是謂九容이니라
색 용 필 장　시 위 구 용

視必思明하고 聽必思聰하며
시 필 사 명　청 필 사 총

色必思溫하고 貌必思恭하며
색 필 사 온　모 필 사 공

言必思忠하고 事必思敬하며
언 필 사 충　사 필 사 경

疑必思問하고 忿必思難하며
의 필 사 문　분 필 사 난

見得思義니 是謂九思니라
견 득 사 의　시 위 구 사

―

발은 반드시 무겁게 걷고, 손은 반드시 공손히 맞잡으며

눈은 반드시 단정하게 뜨고, 입은 반드시 삼가 열며

소리는 반드시 고요하게 내고, 머리는 반드시 곧게 하며

기운은 반드시 엄숙하게 하고, 서 있을 때는 반드시 덕이 있게 하며

얼굴빛은 반드시 장엄하게 해야 하니 이것을 '구용(九容)'이라 말한다.

볼 때는 반드시 밝게 볼 것을 생각하고,

들을 때는 반드시 귀 밝게 들을 것을 생각하며

얼굴빛은 반드시 온화할 것을 생각하고,

용모는 반드시 공손할 것을 생각하며

말할 때는 반드시 정직할 것을 생각하고,

일할 때는 반드시 경건할 것을 생각하며

의심날 때는 반드시 물을 것을 생각하고,

성날 때는 반드시 후환을 생각하며

이득을 보게 되면 옳은 것인지를 생각해야 하니

이것을 '구사(九思)'라고 말한다.

容│ 용 크게 '얼굴'과 '모양'이라는 두 가지 뜻을 가지고 있는데,
　　　여기서는 '모양'의 의미로 쓰였다.

端 | 단 | 단정하다. 바르다.

止 | 지 | 멈추다. 머무르다.

靜 | 정 | 고요하다.

肅 | 숙 | 엄숙하다.

色 | 색 | 빛. 모든 종류의 빛을 포괄적으로 의미하는 글자로, 여기서는 '얼굴빛', '안색'의 의미로 쓰였다.

莊 | 장 | 씩씩하다. 장엄하다.

謂 | 위 | 이르다. 판본에 따라 '謂'를 '왈(曰)'로 쓰기도 한다. 뒤의 '시위구사(是謂九思)'도 마찬가지이다.

視 | 시 | 보다. 이 글자와 '示'는 같은 글자로 보기 쉬운데, '視'는 내가 능동적으로 무엇을 본다는 뜻이고, '示'는 '(남에게) 보이다', '보여주다'라는 뜻으로 두 글자에 차이가 있으니 유의해야 한다.

聰 | 총 | 귀가 밝다. '눈이 밝다'는 의미의 '明'과 합하여 '총명(聰明)'이라는 단어로 자주 쓰인다.

貌 | 모 | 용모. 얼굴.

疑 | 의 | 의심하다. 의문.

| 問 | 문 묻다.

| 忿 | 분 성내다. 분하다.

군자의 용모는 여유가 있고 느긋해야 하니
존경할 만한 사람을 보면 곧 삼가고 공손해야 한다

'구용(九容)'과 '구사(九思)'에 대한 설명입니다. 구용과 구사는 글자 그대로 '아홉 가지 용모'와 '아홉 가지 생각'을 뜻하는데, 사람이 이 세상을 살아가면서 마땅히 지녀야 할 올바른 용모와 생각을 말합니다.

구용과 구사는 각기 《예기》〈옥조(玉藻)〉와 《논어》〈계씨〉에서 유래되었습니다. 원문은 다음과 같습니다.

군자의 용모는 여유가 있고 느긋해야 하니 존경할 만한 사람을 보면 곧 삼가고 공손해야 한다. 발 모양은 무겁게 하며, 손 모양은 공손히 하며, 눈 모양은 단정하게 하며, 입 모양은 삼가야 하며, 소리는 고요하게 하며, 머리 모양은 곧게 하며, 기운은 엄숙하게 하며, 서 있는 모양은 덕이 있게 하며, 얼굴 모양은 장엄하게 해야 한다. 앉아 있을 때는 시동(尸童)과 같이 하며 한가하게 거처하며 말할 때는 온화롭게 한다.

君子之容舒遲, 見所尊者齊遬. 足容重, 手容恭, 目容端, 口容止,

聲容靜, 頭容直, 氣容肅, 立容德, 色容莊, 坐如尸, 燕居告溫溫.

군자는 아홉 가지 생각함이 있으니 볼 때는 밝게 볼 것을 생각하고, 들을 때는 귀 밝게 들을 것을 생각하며, 얼굴빛은 온화할 것을 생각하고, 용모는 공손할 것을 생각하며, 말은 진실할 것을 생각하고, 일은 경건할 것을 생각하고, 의심나는 것은 묻기를 생각하고, 분할 때에는 훗날의 어려움을 생각하고, 얻는 것을 보면 의를 생각한다.

君子有九思, 視思明, 聽思聰, 色思溫, 貌思恭, 言思忠, 事思敬,

疑思問, 忿思難, 見得思義.

구용과 구사는 원 출전에서는 모두 군자가 지녀야 할 덕목으로 설명했지만, 《사자소학》에서는 보다 넓은 대상으로 말했습니다. 본래는 학식과 덕행이 높은 군자에게 요구되는 덕목에서 유래된 말이지만, 후대로 전해 내려오면서 일반 사람의 행동 윤리를 설명하는 말로 널리 퍼졌습니다.

《예기》의 원문에는 아홉 개의 용모에 대한 구절의 앞뒤에 두 개의 문장이 더 있었는데, 가운데에 '용(容)'이 들어간 아홉 개의 구절이 편집되어 '구용'으로 전해졌음을 알 수 있습니다.

구용과 구사의 총 18가지 덕목은 모두 세 글자씩이지만, 여기서는 네 글자를 맞추기 위해 '필(必)'을 집어넣은 것입니다. 제일 마지막의 '견득사의(見得思義)'에 필이라는 글자가 들어가 있지 않은 점을 보면 더욱 명확히 알 수 있습니다.

非禮勿視_{하고} 非禮勿聽_{하며}
비 례 물 시　　비 례 물 청

非禮勿言_{하고} 非禮勿動_{이니라}
비 례 물 언　　비 례 물 동

行必正直_{하며} 言則信實_{하고}
행 필 정 직　　언 즉 신 실

容貌端正_{하며} 衣冠整齊_{하라}
용 모 단 정　　의 관 정 제

居處必恭_{하고} 步履安詳_{하며}
거 처 필 공　　보 리 안 상

作事謀始_{하고} 出言顧行_{하라}
작 사 모 시　　출 언 고 행

常德固持_{하고} 然諾重應_{하며}
상 덕 고 지　　연 낙 중 응

飮食愼節_{하며} 言語恭遜_{하라}
음 식 신 절　　언 어 공 손

—

예가 아니면 보지도 말고, 예가 아니면 듣지도 말며

예가 아니면 말하지 말고, 예가 아니면 행동하지 마라.

행동할 때는 반드시 정직하며 말할 때는 믿음이 있으며 성실해야 하고,

용모는 단정히 하며 의관은 가지런하게 하라.

거처할 때는 반드시 공손히 하고, 걸음걸이는 차분하고 침착하게 하며

일을 할 때는 처음에 잘할 것을 생각하고,

말을 내뱉고는 행동을 돌이켜봐야 한다.

마땅한 덕을 굳게 지키고, 옳다고 승낙하는 것은 신중하게 응답하며

먹고 마심을 삼가하고 절제하며 말은 공손하게 하라.

| 非 | 비 | 아니다. 그릇되다. |

| 動 | 동 | 움직이다. 여기서는 '행동기거(行動起居)'를 의미한다. |

| 冠 | 관 | 갓. 옛날에는 남자가 스무 살이 되면 갓을 쓰는 관례(冠禮)를 행했으므로 '스무 살의 나이', 또는 '성인'의 뜻으로도 확대되어 쓰인다. |

| 齊 | 제 | 가지런하다. |

| 處 | 처 | 곳. 처하다. |

| 步 | 보 | 걷다. |

| 履 | 리 | 밟다. |

| 安詳 | 안상 | 신중하다. 침착하다. 주자가 지은 〈재거감흥이십수(齋居感興二十首)〉라는 시에 '평소의 말투는 거침을 경계하고, 행동은 반드시 침착하게 하라[庸言戒麤誕, 時行必安詳]'라는 문장에서 그 용례가 보인다. |

| 謀 | 모 | 꾀하다. 도모하다. 계획하다. |

| 顧 | 고 | 돌아보다. |

| 固 | 고 | 굳다. 단단하다. |

| 持 | 지 | 가지다. 지키다. |

| 然 | 연 | 그러하다고 여기다. |

| 諾 | 낙 | 승낙하다. 허락하다. |

| 應 | 응 | 응하다. |

| 遜 | 손 | 겸손하다. |

평소의 말투는 거침을 경계하고
행동은 반드시 침착하게 하라

이 단락은 앞의 구용과 구사에 이어 개개인이 지켜야 할 행동 지침에 관해 나열하고 있습니다. 첫 번째와 두 번째 문장은 《논어》〈안연〉에서 유래된 말입니다.

이 말은 공자의 제자 안연이 공자께 자신을 이기고 예로 돌아가는[克己復禮] 방법에 대해 묻자 공자가 예가 아니면 보지도, 듣지도, 말하지도, 움직이지도 말아야 함을 일러준 대목에서 나온 것입니다. 이를 가리켜 '네 가지 하지 말아야 할 것'이라는 의미로 '사물(四勿)'이라고 일컫기도 합니다.

세 번째 문장부터 이 단락의 마지막까지는 이미 앞 편, 또는 이 편의 앞 단락에서 한 번 언급했던 사항들을 다시 한 번 강조합니다. 정직한 행동과 믿음직한 말, 단정한 용모 등을 다시 언급했으며 의관을 정돈하고 가지런히 해야 함을 추가적으로 말했습니다.

거처를 반드시 공손히 한다는 말은 《논어》〈자로〉에서 나온 말로, 제자 번지(樊遲)가 인(仁)에 대해 묻자 공자께서 이렇게 말씀하셨습니다.

거처함에 공손하고, 일을 집행할 때는 정성껏 하며

사람을 대할 때는 진실하게 하는 것이다.

居處恭, 執事敬, 與人忠

거처라는 것은 일상생활을 의미하는 말로, 생활 속에서 항상 공손함을 잃지 말아야 함을 말한 것입니다. 걸음걸이는 차분하고 침착하게 해야 하니 조급하거나 경박한 모습을 보이지 말아야 할 것입니다.

어떤 일을 하게 될 때는 처음을 잘 준비해야 하니, 이는 《주역》 〈송괘(訟卦)〉의 괘사 중 '군자는 일을 행함에 있어 시작을 잘할 것을 도모한다[君子以作事謀始]'는 문장에서 나온 말입니다.

말을 뱉은 후에는 반드시 자신의 행동을 돌이켜 봄으로써 언행일치를 실천하고 있는지 성찰해봐야 합니다. 《논어》 〈헌문〉에 '군자는 자신의 말이 그 행동을 지나치는 것을 부끄럽게 여긴다[君子恥其言而過其行]'고 말한 문장이 있습니다. 이 또한 언행일치의 중요성을 강조한 말로써 말만 앞서고 행동으로 실천하지 않음을 경계한 것입니다.

마땅히 지켜야 할 도리는 굳게 지키며, 다른 사람의 말을 옳다고 여겨 쉽게 승낙하지 말아야 합니다. 신중히 생각하여 무겁게 응답해야 상대방으로 하여금 그 승낙에 신임을 줄 것입니다. 먹고 마시는 것은 삼가고 절제하며 말을 하는 것 또한 항시 겸손하게 해야 합니다.

이 단락에서는 세밀하게 여러 조목을 언급하고 있어, 하나의 큰 중심어를 내세우기는 어렵지만, 전반적으로 '신중'과 '절제'와 관련한 행동 지침을 언급하고 있습니다.

德業相勸하고 過失相規하며
덕 업 상 권　　과 실 상 규

禮俗相交하고 患難相恤하라
예 속 상 교　　환 난 상 휼

貧窮困厄에 親戚相救하며
빈 궁 곤 액　　친 척 상 구

婚姻死喪에 隣保相助하라
혼 인 사 상　　인 보 상 조

修身齊家는 治國之本이요
수 신 제 가　　치 국 지 본

讀書勤儉은 起家之本이니라
독 서 근 검　　기 가 지 본

忠信慈祥하며 溫良恭儉하라
충 신 자 상　　온 량 공 검

人之德行은 謙讓爲上이니라
인 지 덕 행　　겸 양 위 상

—

덕스러운 일과 공업은 서로 권하고, 잘못은 서로 규제하며

예가 있는 풍속은 서로 나누고, 근심과 어려움은 서로 도와주어야 한다.

곤궁하고 재액이 생기면 친척이 서로 구제해주어야 하며

혼사나 장례가 생기면 이웃끼리 서로 도와주어라.

자신을 수양하고 집안을 바르게 하는 것은 나라를 다스리는 근본이요,

책을 읽고, 부지런하고 검소한 것은 집안을 일으키는 근본이니라.

정직하고 믿음직스럽고 자상하며 어질고 공손하고 검소하게 하라.

사람의 덕행은 겸손하고 사양하는 것을 으뜸으로 치니라.

|業| 업 일. 업.

|勸| 권 권하다. 권장하다.

|規| 규 법. 규제하다.

|俗| 속 풍속.

|恤| 휼 불쌍히 여기다. 걱정하다.

|貧| 빈 가난하다. (물질적으로)어려운 상태를 나타낸다.

|窮| 궁 다하다. (상태나 처지가)어렵고 곤궁하여 앞으로 나아갈 수
        없음을 나타낸다.

|婚姻| 혼인 '婚' 자는 남자가 장가를 드는 것을, '姻' 자는 여자
         가 시집을 가는 것을 의미한다. 두 글자를 합하여
         '결혼'이라는 의미가 된다.

保	보	돕다. 뒤의 '조(助)' 또한 같은 의미이다.
修	수	(몸을)닦다, (정신을)수양하다.
治	치	다스리다.
讀	독	읽다.
儉	검	검소하다.
起	기	일어나다. 세우다.
祥	상	상서롭다.
謙	겸	겸손하다.
讓	양	사양하다. 양보하다.

덕행과 공업을 서로 권하고, 잘못은 서로 경계하고,
올바른 풍속으로 서로 어울리고, 어려운 일에는 서로 구제한다

이 단락의 전반부는 함께 사는 이웃과의 도리에 대해 설명하고
있습니다. 앞의 두 문장은 이른바 '향약(鄕約)'이라고 불리는, 향

촌 사회의 자치 규약입니다.

중국 송나라 때 산시성(陝西省) 남전(藍田) 지방에 살던 여(呂)씨 집안의 4형제인 대충(大忠), 대방(大防), 대균(大鈞), 대림(大臨)이 마을사람들과 서로 지키기로 약속한 자치 규범이 있었습니다.

여대림은 이를 토대로 《여씨향약(呂氏鄕約)》을 지었습니다. 그 내용은 '덕행과 공업을 서로 권하고, 잘못은 서로 경계하고, 올바른 풍속으로 서로 어울리고, 어려운 일에는 서로 구제한다'는 네 조항의 강령이 있고, 각 조항 밑에 세칙이 따로 붙어 있습니다. 이것이 후대 향약의 기준이 되어 농업을 위주로 생활하던 우리 선조들에게도 전해져 내려온 것입니다.

농사일로 바쁠 때 이웃의 모내기 작업 등을 도와주면 우리 집 또한 노동력이 필요한 때 도움을 받습니다. 이처럼 서로 노동력을 교환하여 협업하는 방식을 우리는 '품앗이'라고 부릅니다.

이는 꼭 농사일에 한정되는 것은 아니고, 한 집안의 큰 제사나 혼사 등 경조사 때에도 서로 도왔습니다. 이러한 상부상조 정신은 한 마을 공동체의 유대 관계를 끈끈하게 지속하는 원동력이 되었던 것입니다.

이 단락의 후반부는 다시 내 자신으로 초점을 맞추어 심성 수양과 생활 태도, 마음가짐 등에 대한 당부의 말을 서술하고 있습니다. 앞에서도 여러 번 언급했던 '수신제가'를 다시 한 번 강조하며, 자신의 몸을 잘 수양하고[修身], 집안을 가지런히 하는 것[齊家]이 곧 나라를 다스리는 근본이 됨을 말했습니다.

다음 문장에는 이와 짝을 이루어 책을 열심히 읽고, 근면성실하고 검소한 것이 곧 집안을 일으키는 근본이 됨을 말했습니다. 나라를 다스리는 근본과 집안을 일으키는 근본은 결국 모두 자기 자신의 몸가짐과 행동 양식에 달려 있음을 설명한 것입니다.

마지막 두 문장은 덕행을 이루는 여러 덕목에 대해 말한 것인데, '충신자상(忠信慈祥)'은 《의례(儀禮)》〈사상견례(士相見禮)〉에서 그 출전을 볼 수 있습니다.

임금과 더불어 말할 때는 신하를 다스리는 것에 대해 말하고, 경대부들과 더불어 말할 때는 임금을 모시는 일에 대해 말하고, 부형(父兄)과 더불어 말할 때는 제자를 다스리는 것을 말하며, 여러 사람과 더불어 말할 때는 충신(忠信)과 자상(慈祥)을 말하며, 벼슬하는 사람과 더불어 말할 때는 충신을 말한다.

與君言, 言使臣, 與大人言, 言事君, 與老者言, 言使弟子, 與衆言, 言忠信慈祥, 與居官者言, 言忠信

이는 어떠한 사람을 만났을 때 그 사람의 역할과 관계되는 말을 적절히 해야 한다는 의미를 가지고 있습니다. 여기서는 여러 사람과 더불어 말을 할 때 '충신'과 '자상'에 대해 말한다고 하여 말의 주제로 보았습니다.

그러나 《사자소학》에서는 뒤의 '온량공검(溫良恭儉)'과 짝을 이루어 말의 주제를 의미하기보다는 행동 지침으로 쓰였습니다.

'온량공검' 또한 《논어》〈학이〉에서 나온 말입니다. 자금(子禽)이 자공에게 공자께서 다른 나라에 가서 항상 그 나라의 정치에 대해 듣게 되시는 연유를 묻자, 자공이 공자를 찬양하면서 이렇게 말하는 부분이 나옵니다.

온화하고 선량하고 공손하고 검약하고 겸양함으로써

(정사를)얻어들으신 것이다.

溫良恭儉讓以得之

온화, 선량, 공손, 검약, 겸손의 다섯 가지 덕행은 유가 사상에서 내세우는 대표적인 덕목이라고 할 수 있습니다. 논어의 이 문장은 학자에 따라 해석을 달리하여 '온량공검, 양이득지(讓以得之)'로 네 글자씩 떼어 해석하기도 합니다.

그렇다면 '온화하고 선량하고 공손하고 검약하시니 사양하심에도 (그 정사를)얻어듣게 된다'로 그 해석이 달라지고, 다섯 가지 덕행이 아닌 온량공검의 네 가지 덕행이 되는 것입니다.

　여기서는 '온량공검'의 네 글자로 구를 만들고, 뒤의 '양(讓)'은 '겸(謙)'과 붙여서 '겸손하고 사양하는 것을 으뜸으로 친다[謙讓爲上]'고 하여 이 모두를 아우르는 하나의 단독 개념으로 보았습니다.

　이를 보면 네 글자씩 떼어 해석하는 것이 좀 더 본의에 가까운 듯 보입니다. 하지만, 《사자소학》이라는 책은 네 글자를 맞추기 위해 의도적으로 '양(讓)'을 뒤에 배치한 것일 수 있기 때문에 이에 대한 정확한 근거가 되기는 어려울 것입니다. 이 문장의 해석은 이 글을 읽는 독자의 자유로운 생각에 맡겨둡니다.

莫談他短하고 靡恃己長하라
막 담 타 단　미 시 기 장

己所不欲을 勿施於人하라
기 소 불 욕　물 시 어 인

積善之家는 必有餘慶하고
적 선 지 가　필 유 여 경

不善之家는 必有餘殃이니라
불 선 지 가　필 유 여 앙

損人利己면 終是自害니라
손 인 이 기　종 시 자 해

禍福無門하여 惟人所召니라
화 복 무 문　유 인 소 소

—

다른 사람의 단점을 말하지 말고, 자신의 장점을 믿지 마라.

자신이 하기 싫은 바를 남에게 시키지 마라.

선행을 쌓는 집안은 반드시 뒤에 경사가 있을 것이며

선하지 못한 집안은 반드시 뒤에 재앙이 있을 것이니라.

남에게 손해를 입히고 자신만을 이롭게 하면

끝내는 스스로를 해치게 되느니라.

재앙과 복은 들어오는 그 문로(門路)가 없으니 오직 사람이 자초하는 것
이니라.

|談| 담　말씀. 말하다.

|短| 단　짧다. 단점. 여기서는 뒤의 '장점'을 나타내는 글자 '長'과
　　　　대비되어 남의 단점을 가리키는 의미로 사용되었다.

|靡| 미　아니다.

|恃| 시　믿다.

|積| 적　쌓다.

|餘| 여　남다. 넉넉하다. 여기서는 시간적 의미를 첨가하여 '~한
　　　　뒤에'로 풀이했다.

|慶| 경　경사.

|不善之家| 불선지가　선행을 하지 않는 집. 판본에 따라 '不
　　　　　　　　善'대신 '적악(積惡)'으로 되어 있는 것
　　　　　　　　도 있다. '적악지가(積惡之家)'는 '악행을
　　　　　　　　많이 쌓은 집'으로 해석할 수 있다.

|殃| 앙　재앙.

|損| 손 덜다. 손해.

|利| 리 크게 '이롭게 하다'와 '날카롭다'의 뜻을 가지고 있는데,
여기서는 앞의 '손(損)' 자와 대비하여 '(자기 자신을)이롭
게 하다'는 의미로 쓰였다.

|終| 종 마치다. 끝.

|禍福| 화복 재앙과 복.

|惟| 유 오직.

|召| 소 부르다. 여기서는 '어떠한 결과를 가져오다'는 의미를 첨
가하여 '자초하다'로 해석했다.

다른 사람에게 피해를 입히며 자신만을 이롭게 하면
끝내 스스로를 해치게 될 것이다

앞에서 우리는 '다른 사람의 허물은 덮어주고, 잘한 일은 널리 드
러낸다[隱惡而揚善]'는 말을 배웠습니다. 그런데 대부분의 사람은
이와는 반대로 다른 사람의 허물을 자꾸 들추고, 자기 장점을 내
세웁니다.

자신의 허물에는 관대하면서 다른 사람의 단점을 함부로 말하고, 다른 사람의 장점은 시기하면서 자신의 장점은 믿고 으스댑니다. 공자께서는 자신의 장점을 칭찬하는 사람들에게 한결같이 겸손한 자세를 보입니다.

《논어》〈자한〉을 보면, 태재(太宰)가 자공에게 공자가 다능(多能)하시다고 하자, 공자께서 이를 듣고 이렇게 말씀하셨습니다.

태재가 나를 아는 사람인가? 내가 젊었을 때 미천했기 때문에 비천한 일을 잘하는 게 많은 것이다. 군자가 잘하는 것이 많은가? 많지 않다.
太宰知我乎! 吾少也賤, 故多能鄙事. 君子多乎哉? 不多也

자신을 칭찬하는 사람들에게 오히려 자신의 신분이 미천하여 능한 일이 많은 것일 뿐, 여러 일에 능하지 않은 군자와는 거리가 멀다며 자신을 겸양하고 낮추는 공자의 모습을 볼 수 있습니다.

두 번째 문장인 '기소불욕(己所不欲), 물시어인(勿施於人)'은 《논어》에서도 동일한 문장이 두 번이나 나옵니다. 한 번은 중궁(仲弓)이 인(仁)에 대해 묻자 그 대답으로 말했고, 한 번은 자공이 종신토록 행할 수 있는 말이 있는지 묻자 그것을 '서(恕)'라고 말하면서, 설명으로 '내가 하고자 하지 않는 것을 다른 사람에게 시키지 말라'고 말하고 있습니다.

이는 맹자가 말한 '서로 처지를 바꾸면 모두 같다[易地則皆然]'는 말을 떠올려보면 쉽게 이해될 것입니다. 여기서 오늘날 우리가 자주 쓰는 역지사지(易地思之)라는 표현이 나왔습니다. 서로 입장을 바꾸어 생각해본다면, 내가 하기 싫은 일을 상대방에게 미룰 이유가 없는 것입니다.

세 번째 문장부터는 평소에 자신의 마음가짐과 행동이 쌓여서 결국엔 복록과 재앙의 결과로 나타나는 것에 대해 말하고 있으니, 이것이 이른바 인과응보(因果應報)입니다.

'적선지가 필유여경 불선지가 필유여앙(積善之家, 必有餘慶, 不善之家, 必有餘殃)'은 《주역》〈곤괘·문언전〉에 그대로 나오는 문장입니다. 《주역》에서는 불선지가 앞에 '積'자를 붙여서 '적불선지가'라고 되어 있으나 의미는 동일합니다. 평소에 다른 사람들에게 선행을 베풀어온 집은 후에 반드시 경사로운 일이 있을 것이며, 악행을 일삼아온 집안은 반드시 재앙이 찾아온다는 것입니다.

다른 사람에게 피해를 입히면서 자기 자신만을 이롭게 하면 끝내 스스로를 해치게 될 것이니, 해치게 된다는 것은 결국 스스로

무너지게 된다는 의미입니다.

어떠한 사람이 복록을 얻게 되는지 재앙을 얻게 되는지는 그 문로가 없는 것이니, 복록과 재앙으로 향하는 문이 태어날 때부터 세워져 있지는 않다는 것입니다. 이는 하늘이 이미 그 길을 정해 준 것이 아니라, 인생을 살아가면서 모두 스스로가 만드는 것임을 말하고 있습니다.

嗟嗟小子아 敬受此書하라
차 차 소 자 경 수 차 서

非我言老라 惟聖之謨시니라
비 아 언 로 유 성 지 모

아! 제자들아, 이 글을 공경히 받들어라.

내 말은 늙은이의 말이 아니라 오직 성인의 가르침이다.

| 嗟嗟 | 차차 | 탄식하다. 탄식하는 소리. '嗟嗟' 대신, '차이(嗟爾)'로 쓴 판본도 있다. '爾'는 '너'를 가리키는 말이다. '차이 소자(嗟爾小子)'는 '아! 너희 제자들아' 정도로 해석할 수 있다.

| 小子 | 소자 | 아들이 부모에게 자신을 낮추어 부르는 말, 스승이 문하의 제자들을 부르는 말 등의 의미가 있다. 여기서는 스승이 제자를 정답게 부르는 것이다.

| 老 | 로 | 늙다. '老' 대신 '耄(늙은이 모)'로 쓴 판본도 있다.

| 聖 | 성 | 성인.

| 謨 | 모 | 가르침.

내 말은 늙은이의 말이 아니라 오직 성인의 가르침이니
이 글을 공경히 받들어라

《사자소학》의 마지막 두 문장입니다. 이 글을 가르치던 스승이 학생들에게 전하는 마지막 말로 구성되어 있습니다.

이 부분은 판본에 따라 두 문장의 순서가 바뀌어 '非我言老, 惟聖之謨, 嗟嗟小子, 敬受此書'라고 전해지기도 했습니다. 이렇게 해도 의미가 크게 다르지는 않지만, 지금까지 아이들을 가르치는 내용에서 마지막으로 당부하고 있음을 상기해볼 때, '아! 제자들아[嗟嗟小子]'로 시작하는 원문이 한 번 주위를 환기시키고 들어간다는 점에서 조금 더 자연스럽게 느껴집니다.

스승인 나의 말을 늙은이가 하는 헛소리로 듣지 말고 주의 깊게 들어야 할 것이니, 그것은 이 말들이 모두 성인의 법도이기 때문임을 말했습니다. 실제로 《사자소학》에 나오는 대부분의 문장이 성인의 말씀을 담은 경전에서 나왔음을 확인할 수 있었습니다.

이 문장들을 통해 우리가 살아가면서 지켜야 할 여러 도리를 배웠습니다. 이는 스승이 제자에게 당부하는 말의 형식을 빌려, 곧 이 책을 읽는 모든 독자에게 하고 싶은 말을 대신 한 것이 아닐까 합니다.

제1장 효행편

제2장 충효편

제5장 사제편

제8장 수신편

네 글자 인문학

초판 1쇄 인쇄일 2020년 04월 03일
초판 1쇄 발행일 2020년 04월 09일

편역	윤선영		
발행인	이승용		
주간	이미숙		
편집기획부	박지영 박진홍	**디자인팀**	황아영 한혜주
마케팅부	송영우 이종호	**홍보전략팀**	김예진 이상무
경영지원팀	이루다 이소윤		

발행처 |주| 홍익출판사
출판등록번호 제1-568호
출판등록 1987년 12월 1일
주소 [04043]서울 마포구 양화로 78-20(서교동 395-163)
대표전화 02-323-0421 **팩스** 02-337-0569
메일 editor@hongikbooks.com
홈페이지 www.hongikbooks.com

제작처 갑우문화사

ISBN 978-89-7065-791-2 (03150)

이 도서의 국립중앙도서관 출판예정도서목록(CIP)은
서지정보유통지원시스템 홈페이지(http://seoji.nl.go.kr)와
국가자료공동목록시스템(http://www.nl.go.kr/kolisnet)에서 이용하실 수 있습니다.
(CIP제어번호: CIP2020010967)